Verdades bíblicas sobre dons espirituais

Márcio José Pinheiro

Verdades bíblicas sobre dons espirituais

Márcio José Pinheiro

Belo Horizonte/MG

2017

Verdades bíblicas sobre dons espirituais

Autor e formatação: Márcio José Pinheiro

Revisão: Rielson Alves de Souza

Impressão: Clube de Autores

ISBN: 9-788592-035099

Todos os direitos desta edição reservadas ao autor

Impresso no Brasil

2017

SUMÁRIO

Introdução 7

Dons do Espírito Santo 9

Quantos dons existem? 12

Como compreender e usar os dons espirituais 18

Os dons variam quanto ao poder? 20

Os dons são temporários ou permanentes? 22

Descobrindo e buscando os dons espirituais 28

Os dons são ferramentas ministeriais 32

Batismo no Espírito Santo, qual o modo de receber? .. 36

A concepção pentecostal tradicional 39

Batismo no Espírito Santo no Novo Testamento 43

A segunda experiência 45

Perigo em ter duas posições de ensino na igreja 48

O que é ser cheio do Espírito Santo? 51

Propósito dos dons no Novo Testamento 56

O que é adorar a Deus em espírito e em verdade? 58

Consequências da adoração genuína 60

Como entrar em adoração genuína 63

Dom de profecia 64

Os profetas do Antigo e Novo Testamento 66

A palavra profeta no Novo Testamento 70

Como falar da autoridade da profecia hoje 79

Devemos procurar com zelo a profecia? 82

Dom de ensino 84

Palavra de sabedoria e de conhecimento 87

Dom de discernimento de espírito 89

Dom de milagres 92

Aplicação de milagre nos dias de hoje 95

Os milagres bíblicos 97

Propósitos dos milagres 98

Devemos buscar milagres hoje? 101

Dom de cura 103

Propósitos da cura 105

Usar remédios é falta de fé? 108

Considerações finais 112

Fontes de pesquisa 113

O batismo com o Espírito Santo, não implica necessariamente o falar em línguas. Creio na revelação do Espírito Santo através da Palavra de Deus, mas não em revelamento da igreja. O que a Palavra de Deus diz a respeito, está acima de qualquer revelamento e ou entendimento que a igreja possa ter sobre qualquer assunto.

O autor

Janeiro/2016

Introdução

O propósito deste livro é apresentar argumentos consistentes, básicos e bíblicos sobre o assunto e também para levar um pouco de entendimento às igrejas que desejarem estudar um pouco mais a Palavra de Deus.

Neste estudo, propomos tratar objetivamente sobre dons, na qual excluiremos inicialmente o dom de línguas por se tratar de um assunto mais polêmico comparado aos outros dons, por causa de suas aplicações e implicações nos dias de hoje. Pretendemos em breve, abordar esse assunto com mais carinho.

Para este estudo, bem como para qualquer outro assunto referente à religião cristã, é necessário esclarecer que consideramos a Palavra de Deus, a Bíblia, como autoridade máxima e final nas argumentações.

Acreditamos que independente da denominação ou segmento religioso, como verdadeiros cristãos devemos ter na Bíblia Sagrada, que é a Palavra de Deus, nossa regra de fé. Isso é o mesmo que afirmar que tudo o que cremos ou tudo que fazemos deve estar pautado pela Palavra de Deus.

O meu desejo é apresentar uma ideia mesma que básica, tanto no entendimento teológico como no entendimento popular do que se crê sobre os dons espirituais.

Abordaremos temas como ensino, curas, propósito dos dons espirituais no Novo Testamento, operações de milagres e outras questões interessantes, tais como:

- ✓ Quantos dons existem?
- ✓ Os dons recebidos pelo Espírito Santo são permanentes ou não
- ✓ Se os dons variam quanto ao poder
- ✓ O significado da palavra profeta no Novo Testamento
- ✓ Veremos se os profetas do Novo Testamento falavam com a mesma autoridade que as palavras dos profetas no Antigo Testamento
- ✓ Quais são os propósitos do dom de cura?

Lembramos que não podemos colocar a experiência humana, ou a palavra de homens, por mais espiritual que possam nos parecer, acima dos ensinos bíblicos, pois como escrevemos, como verdadeiros cristãos devemos ter a Bíblia Sagrada como regra de fé.

Nesse sentido, a Bíblia nos alerta:

> *Tende cuidado, para que ninguém vos faça presa sua, por meio de filosofias e vãs sutilezas, segundo a tradição dos homens, segundo os rudimentos do mundo, e não segundo Cristo* (Cl 2.8).

Esse versículo é usado às vezes para ensinar que os cristãos não devem se ater à filosofia, no entanto, o contexto não é esse. O apóstolo Paulo era perito em filosofia, pois ele não teve dificuldade alguma em relacionar-se com os filósofos em Atenas conforme descrito no livro de Atos 17.

O que Paulo pretendia dizer é que os cristãos não se deixassem levar por nenhuma filosofia que não estivesse de acordo com os ensinamentos de Cristo, pois alguns mestres de Colossos mesclaram a mensagem do evangelho com pensamentos humanos e Paulo cita-os como "rudimentos do mundo". É provável que rudimento se refira a regras que esses falsos mestres queriam impor.

Wiersbe relata que o termo grego traduzido por rudimento refere-se a um elemento de uma fileira ou série:

> No grego antigo, essa palavra também era usada para os espíritos elementares do universo, os anjos que influenciavam os corpos celestiais. Fazia parte do vocábulo da astrologia religiosa daquela época.
> Os gnósticos acreditavam que os anjos e os corpos celestes influenciavam a vida das pessoas. As advertências de Paulo aos colossenses quanto a lua nova e a outras práticas religiosas definidas pelo calendário (Cl 2.16) podem estar relacionadas a esse ensinamento gnóstico, apesar dos judeus também usarem o calendário para fins religiosos (Gl 4.10).
> Uma coisa é certa: esses ensinamentos sobre demônios e anjos não faziam parte da verdadeira doutrina cristã... (WIERSBE, 2008, pág. 164).

Dons do Espírito Santo

Assim como eu, muitas pessoas têm confundido talento natural com dons do Espírito Santo; certamente o talento natural nada mais é do que a capacidade inata de realizar determinada tarefa. Já os dons do Espírito Santo, o próprio nome descreve a quem ele pertence, pois é o próprio Espírito Santo quem nos dá os dons, de acordo com a sua vontade.

Os dons do Espírito Santo são distintos e não está vinculado à vontade do ser humano querer possuir esse ou aquele dom, pois o Espírito de Deus é quem os reparte. Assim, somos apenas usuários para usar, bem como aprimorá-lo e, não podemos receber mérito algum por aquilo que Deus nos deu gratuitamente.

A Palavra de Deus nos diz: *"Mas um só e o mesmo Espírito opera todas estas coisas, repartindo particularmente a cada um como quer"* (1 Co 12.11, ARC).

> Conquanto enfatizasse a diversidade de dons (vs. 4.11), Paulo também salientou a fonte singular no Espírito (cf. vs. 4-6;8,9). Essa é quinta menção, nesse capítulo do Espírito Santo como sendo a fonte dos dons. Ele ressalta que os dons não devem ser buscados, mas recebidos do Espírito "como lhe apraz". É somente ele quem "opera" ou estimula (v. 6) todos os dons do modo como ele mesmo decide (Bíblia de Estudo MacArthur, nota marginal ao versículo).

É importante que tenhamos em mente a noção do que é dom do Espírito Santo, qual a sua função e a ocasião do acontecimento. Em palavras de fácil compreensão, o dom nada mais é do que um talento que é reforçado pela ação do Espírito Santo; utilizado para a edificação da igreja para a obra do ministério. Esse dom, repetimos, é dado a cada pessoa de acordo com a vontade soberana do Espírito Santo.

Queremos chamar atenção para uma questão interessante sobre a existência de alguns dons que nos parecem ser natural, tais como o ensino e a pregação do evangelho; em contrapartida, há também dons que são miraculosos, como curas e línguas.

Entretanto, o importante é que não devemos confundir dons com talentos naturais, que é aptidão natural ou habilidade adquirida para a execução de tarefas, conforme definição do Dicionário Eletrônico Aurélio.

Já a Grande Enciclopédia Larousse Cultural apresenta a seguinte definição de dons e talentos:

> Dom – Dádiva, presente, dote natural, habilidade, capacidade. Teologia – Dons do Espírito Santo, disposições concedidas por Deus ao homem para lhe permitir

viver plenamente a vida cristã (sabedoria, inteligência, ciência, prudência, força, piedade, crença em Deus).

Talento – Aptidão invulgar (natural ou adquirida); engenho: possui talento para o magistério – Indivíduo engenhoso, de habilidade ou capacidade incomuns.

Dentre outras definições, talento é "aptidão natural, ou habilidade adquirida; engenho: inteligência excepcional[1]". Apresentamos a definição de dom pelo autor Robert Gleen Gromacki: "é a capacidade dada ao cristão, procedente da graça de Deus, por meio do Espírito Santo, e controlada pelo Espírito no serviço e crescimento cristãos[2]".

Apresentado a diferença entre dons e talentos, o que realmente importa é como devemos tratar a questão dos dons com entendimento e seriedade. Devemos discernir, verificar, analisar e provar o que nos é apresentado se vem de Deus ou não.

É importante observar que não há nada de errado em fazer esse tipo de análise e provar se é de Deus ou não. Lembrando que quando nos referimos que devemos fazer esse questionamento, estamos excluindo aqui o fato de sermos feito à imagem e semelhança de Deus.

A própria Escritura nos ensina em 1 Jo 4.1: *"Amados, não deis crédito a qualquer espírito, antes, provai os espíritos se procedem de Deus, porque muitos falsos profetas têm saído mundo afora".*

A Bíblia de Estudo Aplicação Pessoal apresenta um interessante comentário a respeito, dando-nos visão geral sobre o assunto:

> A frase "não creais em todo espírito, mas provai se os espíritos são de Deus" significa que não devemos crer em tudo o que ouvimos, somente porque alguém diz ser uma mensagem de Deus. Existem muitas formas para testar os ensinadores a discernir se sua mensagem é verdadeiramente do Senhor. Uma delas é conferir se suas palavras estão de acordo com o que Deus diz na Bíblia. Outros testes incluem seu comprometimento com o corpo de crentes (2.19), seu estilo de vida (3.23,24), e o fruto do seu ministério (4.6).
> Mas o teste mais importante de todos, diz João, consiste no que acreditam a respeito de Cristo. Eles ensinam que Jesus é completamente Deus e complemente homem? Nosso mundo está cheio de vozes reivindicando falar por parte de Deus. Aplique esses testes para verificar se estão realmente falando a verdade de Deus. Algumas pessoas acreditam em tudo o que leem ou ouvem. Infelizmente, muitas ideias impressas e ensinadas não são verdadeiras. Os cristãos devem ter fé, porém não devem ser ingênuos. Verifique toda mensagem que você ouvir, ainda que a pessoa que a expressa firme que é de Deus... (Nota marginal ao versículo).

A Bíblia de Estudo MacArthur complementa:

---

[1] Dicionário Eletrônico Aurélio

A menção ao Espírito Santo em 3.24 instiga João a informar seus leitores que existem outros espíritos; ou seja, espíritos demoníacos, que geram falsos profetas e falsos mestres para propagar sua falsa doutrina. Os cristãos devem ter um ceticismo saudável com relação a qualquer ensino, ao contrário de alguns nas congregações de João que tinham a mente muito aberta, aceitando qualquer pessoa que afirmasse ter um novo ensino acerca da fé. Os cristãos devem ser como os de Bereia, que estudavam a Palavra e examinavam as Escrituras para distinguir a verdade do erro (At 17.11,12). (Nota marginal ao versículo).

Como vemos e podemos concluir corretamente, questionar ou mesmo duvidar e analisar não contraria as Sagradas Escrituras e ao contrário do que temos ouvido falar nos púlpitos, devemos avaliar e analisar todas as coisas. Em outras palavras, devemos tirar do nosso meio o que não procede de Deus, pois assim a Palavra de Deus assim nos ensina.

---

[2] GROMACKI, 1986, pág. 169

Quantos dons existem?

Inicialmente esta pergunta poderá parecer sem sentido, mas perceberemos que não o é, quando encontramos nas Sagradas Escrituras seis passagens no Novo Testamento que respondem a esta pergunta.

> *De modo que, tendo diferentes dons, segundo a graça que nos é dada, se é profecia, seja ela segundo a medida da fé; se é ministério, seja em ministrar; se é ensinar, haja dedicação ao ensino; ou o que exorta, use esse dom em exortar; o que reparte, faça-o com liberalidade; o que preside, com cuidado; o que exercita misericórdia, com alegria* (Rm 12.6-8)

Nessa passagem encontraremos sete dons: profecia, ministério (serviço), ensino, exortação, contribuição (o que reparte), liderança (o que preside) e misericórdia.

MacArthur discorre sobre cada um dos sete dons apresentados nestes versículos, que gostaria de compartilhar com voces leitores:

> Profecia – Essa palavra grega significa "transmitir uma palavra" e não inclui, necessariamente, predições do futuro ou quaisquer outros aspectos místicos ou sobrenaturais. Embora alguns profetas em Atos tenham feito predições a respeito de acontecimentos futuros (11.27,28; 21.10,11), outros não fizeram predições, mas transmitiram a verdade de Deus para encorajar e fortalecer seus ouvintes (15.32; cf. vs. 22-31). A evidência sugere, entretanto, que no século 1°, antes que o NT fosse concluído e os sinais do dons tivessem cessados, provavelmente, essa palavra tinha os sentidos tanto de não revelação quanto de revelação. No sentido de não revelação, a palavra "profecia" simplesmente identifica a habilidade de proclamar publicamente a Palavra de Deus.

Com relação ao dom de ministério, MacArthur diz que essa palavra é "proveniente da mesma palavra grega da qual vem 'diácono' e 'diaconisa', diz respeito àqueles que servem".

Dom de ensino esse autor ensina que esse dom é a "habilidade de interpretar, esclarecer, sistematizar e explicar de maneira simples a verdade de Deus" e, nos adverte que "muitos leigos maduros e qualificados, também tem esse dom".

> O dom da exortação, que capacita um cristão a chamar efetivamente outros a obedecer à verdade de Deus e a segui-la. Pode ser empregado de maneira negativa para admoestar e corrigir quando relativo ao pecado (2 Tm 4.2), ou de maneira positiva para encorajar, consolar e fortalecer os cristãos que estão enfrentando lutas.

Contribuição, "indica a divisão sacrifical e doação dos próprios recursos e de si próprio a divisão sacrifical e doação dos próprios para atender às necessidades de outros".

Com relação ao dom de liderança ou o que preside com está descrito em algumas traduções, MacArthur diz que literalmente essa palavra é "está à frente", da qual Paulo "denomina esse dom de governos (1 Co 12.28), uma palavra que significa 'guiar'" que é usada para pessoas que governam um navio (At 27.11; Ap 18.17). Finaliza dizendo que "no NT, essa palavra é usada para descrever somente a liderança do lar (1 Tm 3.4,5,12) e da igreja (1 Co 12.28; 1 Tm 5.17; At 27.11; Ap 18.17)".

O último comentário que MacArthur faz é sobre o dom de misericórdia. Diz que aquele que exerce o dom de misericórdia, "demonstra efetivamente uma empatia e sensibilidade para com aqueles em sofrimento e aflição, e que tem tanto a disposição quanto os recursos para ajudar a minimizar as aflições deles" e que geralmente esse dom acompanha o dom de exortação.

> Porque quereria que todos os homens fossem como eu mesmo; mas cada um tem de Deus o seu próprio dom, um de uma maneira e outro de outra. Digo, porém, aos solteiros e às viúvas, que lhes é bom se ficarem como eu. Mas, se não podem conter-se, casem-se. Porque é melhor casar do que abrasar-se (1 Co 7.7).

A passagem de 1 Coríntios 7.7 o apóstolo Paulo nos apresenta apenas dois dons (mas cada um tem de Deus o seu próprio dom): o de celibato e o de casamento.

É importante dizer que com essas palavras, Paulo não condenava o casamento, mas apontava para a liberdade de compromisso que os casados não tinham em servir a Cristo. Este ponto de vista deve ser analisado tendo em mente que servir a Cristo naqueles tempos, demandava viagens e permanências naquele lugar por determinado tempo. É também importante mostrar que quando o casal tinha o mesmo objetivo em servir Jesus, não era impedimento (veja o exemplo de Aquila e Priscila).

> Porque a um pelo Espírito é dada a palavra da sabedoria; e a outro, pelo mesmo Espírito, a palavra da ciência; e a outro, pelo mesmo Espírito, a fé; e a outro, pelo mesmo Espírito, os dons de curar; e a outro a operação de maravilhas; e a outro a profecia; e a outro o dom de discernir os espíritos; e a outro a variedade de línguas, e a outro a interpretação das línguas (1 Co 12.8-10).

A relação de dons que podemos extrair dessa passagem é: palavra de sabedoria, palavra de ciência (conhecimento), fé, dons de curar, operação de maravilhas (milagres), profecia, discernimento de espíritos, dons de línguas e interpretação de línguas.

Desses dons pode-se dizer que palavra de sabedoria indica um dom da fala; palavra de ciência ou conhecimento, pode ser aplicado a revelação e atualmente é do dom de compreender e falar a verdade de Deus.

Fé é um dom de confiança em Deus que é exercido juntamente com a oração intercessória em meio a tempos difíceis. Dom de curar, segundo MacArthur é um "dom de manifestação temporária, usado por Cristo (Mt 8.16,17), pelos apóstolos (Mt 10.1), pelos 70 (Lc 10.1) e por alguns poucos companheiros dos apóstolos como Felipe (At 8.5-7).

Operação de maravilhas (milagres), outro dom temporário que tinha objetivo duplo: em realizar atos divinos contrários à natureza e demonstrar que tais atos não poderiam humanamente ser explicados, a não ser pela ação do próprio Deus.

Como já mencionamos nesta seção sobre dom de profecia, passarmos ao seguinte: discernimento de espíritos. Esse dom por si só já indica. Sua operação era apontar e reconhecer os espíritos mentirosos que poderia se tentar distorcer a Palavra de Deus e também de identificar uma doutrina contrária a Bíblia.

Wiersbe nos ensina que o "dom de discernimento de espíritos era importante na igreja primitiva, uma vez que Satanás desejava falsificar a obra e a Palavra de Deus". Enfatiza logo a seguir que como "não há profetas na igreja de hoje não precisamos nos preocupar com falsos profetas, no entanto, devemos ter cuidado com os falsos mestres (2 Pe 2.1)" (GRUDEM, 2008, pág. 796).

Relativo ao dom de línguas e sua interpretação, também é um dom temporário que era manifestado para autenticar a pregação do evangelho, principalmente quando se encontrava pessoas que falavam diferentes tipos de línguas. Esse dom é diferente do dom de línguas extática que as igrejas hoje em dia manifestam.

> E a uns pôs Deus na igreja, primeiramente apóstolos, em segundo lugar profetas, em terceiro doutores, depois milagres, depois dons de curar, socorros, governos, variedades de línguas (1 Co 12.28).

É perceptível e creio que os leitores também perceberam que alguns dons se repetem, mas isso não tira o mérito da mensagem, apenas a reforça. Assim, em 1 Co 12.28 os dons apresentados são: apóstolo, profeta, doutores (mestres), milagres, dons de cura, socorros, administração e variedade de línguas.

O objetivo principal dos apóstolos era estabelecer o fundamento da igreja (Jesus Cristo), o do profeta, como já mencionamos, é receber e declarar a revelação da Palavra de Deus. Os doutores (mestres), milagres, dons de cura também já citados. Socorro está ligado a servir, também já visto; administração ou governos, idem. Variedade de línguas, também foi timidamente citado.

Como me referi inicialmente, sobre o dom de línguas abordaremos sobre esse dom em outro estudo em futuro breve (ver introdução).

> *E ele mesmo deu uns para apóstolos, e outros para profetas, e outros para evangelistas, e outros para pastores e doutores* (Ef 4.11)

De acordo com Efésios 4.11 os dons enumerados são: apóstolo, profeta, evangelista, pastores e doutores. A relação desses dons, quase se repetem, por isso, citaremos agora apenas o dom de evangelismo.

Evangelista é aquela pessoa que proclama o evangelho, as boas novas da salvação em Jesus Cristo para os incrédulos, para aqueles que não conhecem Jesus Cristo. Segundo MacArthur "o verbo relacionado traduzido por 'pregar o evangelho' é utilizado 54 vezes e o substantivo relacionado traduzido por 'evangelho' é utilizado 76 vezes no NT" (nota marginal ao versículo, pág. 1606).

> *Se alguém falar, fale segundo as palavras de Deus; se alguém administrar, administre segundo o poder que Deus dá; para que em tudo Deus seja glorificado por Jesus Cristo, a quem pertence a glória e poder para todo o sempre. Amém* (1 Pe 4.11).

Nessa passagem o apóstolo Pedro faz menção de apenas dois dons que abrange vários dons. Quando o apóstolo escreveu: *"se alguém falar... se alguém administrar"*, nessas palavras podemos englobar a todo aquele que fala e administra.

É visivelmente perceptível que essas listas apresentam semelhanças, porém ao mesmo tempo elas são distintas uma da outra pelo fato de não existir uma passagem bíblica que apresente uma lista definitiva contendo todos os dons.

Das passagens apresentadas, o que me chamou atenção é o texto de 1 Coríntios 7.7 que menciona dois dons diferentes de todos os demais. Na realidade, eu mesmo não os considerava como dom, contudo, o contexto em que fala de casamento e celibato, o apóstolo Paulo diz: *"... cada um tem de Deus o seu próprio dom; de uma maneira, e outro de outra"*.

Mas o que Paulo quis dizer com isso?

> Estar casado é um dom de Deus. Um estado não é moralmente melhor que o outro. Ambos são valiosos para realizar os propósitos de Deus. Por essa razão, é importante aceitarmos nossa atual situação. Quando Paulo disse desejar que todas as pessoas fossem como ele (solteiro), expressava seu desejo de que mais pessoas se dedicassem completamente ao ministério sem preocupações com um cônjuge e uma família, assim como ele. Ele não estava criticando o casamento, afinal, esse foi o modo criado por Deus para oferecer companhia ao homem e povoar a terra (Bíblia de Estudo – Aplicação Pessoal)

> Como uma pessoa solteira, Paulo reconhecia a liberdade e a independência especiais que tinha para servir a Cristo [...] Contudo, não esperava que todos os cristãos fossem solteiros, nem que todos quantos o fossem permanecessem neste estado, e nem que todos os casados praticassem o celibato como se fossem solteiros [...] tanto o celibato quanto o casamento são dons graciosos de Deus (Bíblia de Estudo MacArthur)

Grudem comentando sobre a enumeração dos dons nos traz os seguintes ensinamentos:

> Paulo não estava tentando elaborar listas exaustivas de dons quando as enumerou. [...] Além disso, há certo grau de superposição entre os dons alistados em vários lugares. Sem dúvida, o dom de governo (1 Co 12.28) é semelhante ao dom de liderança (Rm 12.8) e provavelmente ambos os termos podem ser aplicados a muitos que têm o ofício de pastor-mestre (Ef 4.11). Além disso, em alguns casos Paulo alista uma atividade e, em outros casos, um substantivo relacionado que descreve a pessoa (tal como profecia em Rm 12.6 e 1 Co 12.10, mas profeta em 1 Co 12.28 e Ef 4.11).
>
> Outra razão para pensar que Paulo poderia ter feito listas muito mais longas se quisesse é que alguns dons alistados têm muitas expressões diferentes à medida que são encontrados em pessoas diversas. Com certeza o dom de servir (Rm 12.6) ou de prestar ajuda (1 Co 12.28) assumirá muitas formas diferentes em situações diversas e entre pessoas distintas (GRUDEM, 1999, pág. 862-863)

A questão principal desse tópico é saber quantos dons diferentes existem? A resposta dependerá particularmente de cada pessoa ou de quão detalhista sejamos. Se não quisermos ater em detalhes, poderemos apresentar uma lista apenas com dois dons de um modo genérico como Pedro o fez em 1 Pe 4.11: *"todo aquele que fala"* e *"todo aquele que serve"*.

Nessa lista de apenas dois dons, o apóstolo Pedro na realidade abrangeu todos os dons mencionados em todas as demais passagens ou quaisquer outras que um estudioso possa citar, pois se uma pessoa fugir do primeiro item, *"todo aquele que fala"* inevitavelmente se encaixará no segundo: *"todo aquele que serve"*.

Tomando como exemplo dessa variedade, poderemos ter como exemplo os ofícios de profeta, rei e sacerdote atribuídos a Jesus Cristo e aplicando ao Antigo Testamento, esses mesmos ofícios poderão se desdobrar em outros. Por exemplo, o ofício de profeta em um sentido mais amplo, pode estar vinculado ao ensino, encorajamento, exortação, exaltação.

Essa e outras listas que se possa apresentar, não incluem todos os dons possíveis, segundo Grudem:

> ... Nenhuma lista inclui um dom de oração intercessoria, por exemplo, que pode ser relacionado ao dom de fé; mas que não é a mesma coisa; nenhum dom musical é incluído em nenhuma lista, e também nenhum dom de expulsão de demônios, embora Paulo devesse saber que alguns cristãos eram mais eficazes do que outros nessa área. E se desejássemos dividir as diferentes espécies de serviço ou administração ou evangelização ou ensino, poderíamos com muita facilidade ter uma lista com cinquenta ou mesmo cem itens (idem, pág. 864).

O objetivo final do comentário acima é demonstrar que poderemos ter uma lista longa de dons, mas o mais importante é demonstrarmos que Deus dá a igreja uma variedade de dons espirituais, mas esses dons serão entregues a igreja que segue os preceitos bíblicos.

Podemos dizer que uma igreja é biblicamente sadia quando preza pela Palavra e a segue a risca. Ter grande diversidade de dons, pode também ser uma indicação, porém devemos nos cuidar, pois alguns dons podem ser facilmente copiados; lembrando que essa diversidade de dons, não deve levar à exaltação dos membros e, nem causar divisão ou mesmo distinção entre eles.

Nesse sentido, recomendamos uma leitura atenta do tópico "Perigo em ter duas posições de ensino na igreja", assunto abordado nesta obra.

Para finalizar este tópico, Paulo faz uma analogia de que somos o corpo com muitos membros (1 Co 12.12-26), aplicando-se ao caso, é como se Deus quisesse dizer que nos colocou no corpo (na igreja) com essas diferenças de modo que possamos depender uns dos outros.

Como compreender e usar os dons espirituais

Devido à diversidade de dons apresentados, não consideraremos todos os dons mencionados no Novo Testamento, mas teceremos alguns comentários que a meu ver não são bem compreendidos e por este motivo, tem gerado polêmica no assunto.

Também não examinaremos os dons cujo significado ou uso são evidentes pelo próprio nome tais como serviço, exortação, contribuição, liderança ou misericórdia.

Nosso foco estará voltado para a relação de dons constante nas passagens foi extraída em 1 Coríntios 12.8-10 e 12.28:

> *Porque a um pelo Espírito é dada a palavra da sabedoria; e a outro, pelo mesmo Espírito, a palavra da ciência; e a outro, pelo mesmo Espírito, a fé; e a outro, pelo mesmo Espírito, os dons de curar; e a outro a operação de maravilhas; e a outro a profecia; e a outro o dom de discernir os espíritos; e a outro a variedade de línguas; e a outro a interpretação das línguas* (1 Co 12.8-10).

> E a uns pôs Deus na igreja, primeiramente apóstolos, em segundo lugar profetas, em terceiro doutores, depois milagres, depois dons de curar, socorros, governos, variedades de línguas (1 Co 12.28).

O entendimento que tenho é que Paulo tentou de uma forma discreta, apresentar uma lista de prioridades para os dons. Na prática, isso é relevante, pois sabemos que cada dom que o Espírito Santo concedeu tem sua importância na história e o mesmo podemos dizer de cada cristão que o recebe.

No entanto, faz-se necessário salientar que os apóstolos e profetas foram designados em primeiro lugar porque, aos apóstolos era necessário apresentar os alicerces da doutrina e aos profetas, levar a Palavra.

Somente após o firmamento dessas bases é que pode surgir os doutores, ou seja, os mestres, pois era necessário firmar os convertidos na doutrina cristã e por esse motivo, os mestres desempenham um papel importantíssimo.

Os demais dons citados, milagres, dons de curar, socorros, governos e variedade de línguas só se fizeram necessários com o passar do tempo para a edificação da igreja.

Nesta lista, Paulo deixou por último o dom de variedade de línguas, segundo costume daqueles tempos, a descrição era apresentada segundo as prioridades e em 1 Co 12.28, a variedade de línguas está em último lugar.

Paulo designou o dom de línguas como gene glosson, traduzida como "a variedade de línguas" (1 Co 12.10) e "diversidade de línguas" (1 Co 12.28). Esse termo genos faz referência a uma família, raça, descendência, nação, qualidade, sorte e classe no uso neotestamentário. (GROMACKI, 2008, pág. 98).

Os dons variam quanto ao poder?

Na segunda carta a Timóteo lemos: "*Por cujo motivo te lembro que despertes o dom de Deus que existe em ti pela imposição das minhas mãos*" (2 Tm 1.6).

Inicialmente poderemos não ver conexão com o título desse tópico, porém a palavra diz que podemos despertar o dom de Deus que é confirmado por outra passagem: "*Não desprezes o dom que há em ti, o qual te foi dado por profecia, com a imposição das mãos do presbitério*" (1 Tm 4.14) faz a conexão juntamente com o pretendemos apresentar.

É inquestionável que temos dom que nos foi concedido pelo Espírito Santo e também é inquestionável que uma vez que somos possuidores desse dom, nada mais sensato que utilizá-lo. Contudo, fica implícito que uma vez que utilizamos essa ferramenta concedida pelo Espírito Santo, temos a capacidade de desenvolvê-la e ou mesmo aprimorá-la.

Como base de comparação, faremos uma analogia a determinado músculo de nosso corpo. Caso esse músculo não seja trabalhado, sabemos que ele atrofiará ou na melhor das hipóteses, perderá seu vigor.

De forma análoga, creio que o dom não utilizado também atrofia e perde seu vigor; o contrário, nesse caso também é válido nessa comparação, pois ao usar esse dom, estamos desenvolvendo-o, fortalecendo-o.

Quando utilizamos pouco o dom que o Espírito Santo nos concedeu, estamos na verdade, negligenciando, desprezando e o apóstolo Paulo exorta para não sermos negligentes e desprezar o dom (conforme 1 Tm 4.14).

Por este motivo, é que o apóstolo também exorta em 2 Tm 1.6 para despertarmos o dom de Deus que existe em nós. A palavra despertar nos indica que devemos avivar o uso do dom e consequentemente "fortalece-lo".

É com base nessa argumentação e comparação com o músculo humano, que torno a reafirmar que os dons quando utilizados e trabalhados, podem variar quanto ao poder. Não se esquecendo de que apesar de podermos utilizar o dom no intuito de desenvolver e fortalecer, essa prerrogativa cabe exclusivamente a Deus.

Contudo, é um equívoco pensarmos que isso depende exclusivamente àquele que possui o dom. Primeiramente, devemos nos lembrar de que o dom não pode ser considerado natural, pois a Palavra de Deus nos diz que ele nos é dado segundo apraz o

Espírito Santo: *"Mas um só e o mesmo Espírito opera todas estas coisas, repartindo particularmente a cada um como quer"* (1 Co 12:11).

Assim sendo, a variação no poder do dom depende exclusivamente de Deus e com uma pequena contribuição de nossa parte, nós, seres humanos em querer servir e glorificar a Deus.

É importante citarmos que quando escrevemos que Deus nos concede dom, lembramos que é o Espírito Santo que também é Deus, é quem distribui os dons conforme ele achar que deve distribuir, conforme está escrito em 1 Coríntios 12.11.

Assim sendo, a parte que depende de nós vem do uso, treinamento que fazemos e também da capacidade natural no uso desse dom.

Com isso, concluímos que os dons podem variar quanto ao poder e isso nos faz reconhecer que o cristão que não consegue exercitar seu dom em determinada igreja, pode estar "travado" ou inseguro com relação ao dom concedido. Isso pode acontecer na vida de um cristão, pois as vezes ele pode se sentir despreparado ou não merecedor

Porém, existe ainda a classe de cristão que não utiliza o dom concedido naquela igreja, mas quando não está naquele espaço físico, utiliza-o naturalmente em outro lugar e muitas vezes, quando em conversa com os irmãos da própria igreja. Esse travamento pode não estar relacionado com a intimidade com a Palavra e seu Autor, Deus, mas provavelmente pode ser a própria insegurança em não ser aceito ou mesmo questionado.

Meu conselho é que utilizem o dom concedido da melhor forma possível, seja fiel à Palavra e não se vanglorie de ser possuidor de tal dom, porque a concessão desse dom pode ser permanente ou mesmo temporária.

Os dons são temporários ou permanentes?

Os textos neotestamentários geralmente apresentam a ideia de que os dons espirituais são permanentes. No entanto, também nesses mesmos textos neotestamentários, encontramos ainda a ideia de que os dons são temporários.

Nos escritos do apóstolo Paulo quando ele menciona os dons de profecia, ensino e evangelização, ele o faz de uma forma que nos leva a pensar que esses são dons exercidos continuamente. Isso, nos levar a concluir que as pessoas que possuíam esses dons, eram permanentes.

Contudo, devemos também nos lembrar de que há ocasiões em que os dons não são permanentes como supomos. Citamos como exemplo que alguns dons como os dons de casamento e celibato descrito pelo apóstolo Paulo em 1 Coríntios 7.7.

Também podemos citar outro dom que pode ou não ser permanente e, não pode ser exercido sempre que desejarmos. Estamos nos referindo ao dom de cura e sabemos que esse dom não pode ser utilizado a nosso bel prazer, pois a cura não depende de nós ou de quanto nós desejamos que tal dom manifeste; sua manifestação depende única e exclusivamente da vontade soberana de Deus.

De modo análogo, a profecia também depende da revelação de Deus e nem sempre Deus revela a seu profeta o que está acontecendo. Prova disso, encontramos no livro de 2 Reis 4.25-27:

> *"Partiu ela, pois, e foi ao homem de Deus, ao monte Carmelo; e sucedeu que, vendo-a o homem de Deus de longe, disse a Geazi, seu servo: Eis aí a sunamita. Agora, pois, corre-lhe ao encontro e dize-lhe: Vai bem contigo? Vai bem com teu marido? Vai bem com teu filho? E ela disse: Vai bem. Chegando ela, pois, ao homem de Deus, ao monte, pegou nos seus pés; mas chegou Geazi para retirá-la; disse porém o homem de Deus: Deixa-a, porque a sua alma está triste de amargura, e o Senhor me encobriu, e não me manifestou"*

Nesses versículos vemos que o profeta Eliseu que Deus não havia revelado o que tinha acontecido com a sunamita. Se Eliseu fosse um farsante qualquer, ele simplesmente dava uma profetada em cima da sunamita para ela não perder viagem, lembrando que ela viajou sobre o lombo de um jumento uma distância de aproximadamente 40 km até chegar ao Monte Carmelo.

Deus usa os seus servos com revelações e profecias e há momentos em que os profetas de Deus não terão respostas ou solução para o seu caso. Um conselho é que busquem a resposta de Deus, pois somente Ele tem resposta para todas as perguntas e soluções para todos os casos que voce lhe apresentar.

O mesmo pode se dizer do dom de evangelização. Sabemos que o Espírito Santo é quem nos auxilia nesse momento, produz a regeneração e convence a pessoa em crer naquilo que falamos. É claro que ter conhecimento sobre o assunto que se fala ajuda muito, pois não devemos depositar nossa incapacidade sobre o Espírito Santo para ele resolver a situação e nos capacitar sempre.

Orar antecipadamente para poder falar o que a pessoa precisa ouvir, também é outro instrumento de grande valia, mas devemos nos lembrar que por mais culto que voce seja e domine o assunto, lembre-se que é o Espírito Santo quem convence e não nós e nossa argumentação.

Alguém pode perguntar: e se a pessoa for negligente com determinado dom ou estiver em erro, mesmo assim esse dom continua permanente? Minha opinião é que nesse caso, o dom poderá ser retirado, pois creio que Deus não daria um dom a uma pessoa para ser continuamente negligenciado e não ser utilizado. No entanto, se a pessoa estiver em erro, acredito que o Espírito Santo mostrará isso a essa pessoa para que ela possa se arrepender e reparar seu erro.

Devemos ter sempre em nossa mente que segundo as Escrituras, o Espírito Santo é soberano e distribui os dons conforme sua vontade e é neste sentido que acredito que Ele também pode tirar o dom daquele que negligencia continuamente tal dom.

Enfatizo que o Espírito Santo sendo Deus, possui igualmente o atributo da onisciência e por esse motivo Ele também não concederia dom àquele que nunca o utilizará.

O texto de 1 Coríntios 13.8-13 nos traz uma percepção sobre o assunto, pois claramente indica que os dons espirituais desaparecerão e serão substituídos por algo bem maior e, com certeza melhor, da qual ainda não temos condições de saber o que é. Nesse sentido, afirmo que dom algum é permanente, mas temporário.

Salientando que por temporário, expresso dizendo que o dom estará ativo até determinada época ou circunstância e poderá se extinguir *"quando vier o que é perfeito"*. Vejamos o texto:

> O amor nunca falha; mas havendo profecias, serão aniquiladas; havendo línguas, cessarão; havendo ciência, desaparecerá; porque, em parte, conhecemos, e em parte profetizamos; mas, quando vier o que é perfeito, então o que o é em parte será aniquilado. Quando eu era menino, falava como menino, sentia como menino, discorria como menino, mas, logo que cheguei a ser

homem, acabei com as coisas de menino. Porque agora vemos por espelho em enigma, mas então veremos face a face; agora conheço em parte, mas então conhecerei como também sou conhecido. Agora, pois, permanecem a fé, a esperança e o amor, estes três, mas o maior destes é o amor (1 Co 13.8-13).

O apóstolo Paulo foi bem enfático ao escrever que *"havendo línguas cessarão"*, isto em si já desmantela o entendimento e argumento que muitos têm sobre o dom de línguas, inclusive pastores pentecostais, neopentecostais, os batistas pentecostais (como eu os chamo) e outros defensores do falar de língua extática.

No entanto, sabemos que o falar extático como é visto atualmente nas igrejas, nada tem a ver com o falar em línguas descrito na Bíblia da qual o próprio apóstolo Paulo apresenta regra para isso: falar dois e no máximo três, se não houver interpretação é para se calar, falar consigo mesmo e com Deus (1 Co 14.17,28). Isto quer dizer, falar baixinho sem que o outro que estiver ao seu lado escute.

Há outra palavra interessante no versículo 10 que nos chama a atenção: *"quando vier o que é perfeito"*. Se, como vimos o dom de línguas cessará *"quando vier o que é perfeito"*, então, esse dom que hoje muitos buscam é de pouca importância, pois o apóstolo Paulo considerou-o uns dos últimos em sua lista sobre dons.

Por falta de conhecimento mais profundo da Palavra, muitos ainda o exaltam como um dom a ser buscado. É até interessante quando ouvimos líderes de igrejas exortando os membros a buscarem dons, em especial o falar em línguas. Não encontramos qualquer recomendação de Jesus para que o façamos.

Nos momentos quando esses dons se faziam necessários, Jesus revestiu seus discípulos para cumprir a missão. Ele assoprou sobre seus discípulos e disse para eles receberem o Espírito Santo (Jo 20.22).

Jesus também os orienta em Atos 1.4-8 para não saírem de Jerusalém; eles deveriam esperar a promessa do Pai e no versículo 8, ele diz *"mas recebereis a virtude do Espírito Santo"* e não *"buscareis a virtude do Espírito Santo"*.

Não quero dizer com isso que devemos cruzar os braços e aguardar que o Espírito Santo venha se manifestar em nossas vidas. Para o Espírito Santo se manifestar em nossa vida, nós devemos fazer a nossa parte, devemos nos santificar dia após dia, devemos nos apresentar irrepreensíveis diante de Deus, pois somos templo do Espírito Santo e ele habita em nós: *"Ou não sabeis que o vosso corpo é o templo do Espírito Santo, que habita em vós, proveniente de Deus, e que não sois de vós mesmos?"* (1 Co 6.19).

Eu acredito que não basta buscar pelos melhores dons conforme somos instruídos em 1 Coríntios 12.31, devemos procurar o amor, pois o amor é o único dom que não cessará e sem o amor, os dons espirituais nada valem.

O que a palavra *"quando vier o que é perfeito"* quer dizer? A que se refere? O que é "perfeito"?

> Os vs. 9 e 10 indicam que o que eliminará o conhecimento e a profecia é "o que é perfeito". Quando isso acontecer, esses dons tornar-se-ão inoperantes. O 'perfeito' não é a conclusão da Escritura, uma vez que ainda há a atuação desses dois dons e eles ocorrerão no reino vindouro (cf. Jl 2.28; At 2;17; Ap 11.3). A Escritura não nos permite ver "face a face" ou ter o perfeito conhecimento como Deus o tem (v. 12). O "perfeito" não é o arrebatamento ou a segunda vinda de Cristo, posto que o reino que se seguirá a esses acontecimentos será uma abundância de pregadores e mestres (cf. Is 29.18; 32.3,4; Jl 2.28; Ap 11.3). O perfeito deve ser o estado eterno, quando, na glória, virmos a Deus face a face (Ap 22.4) e tivermos pleno conhecimento nos novos céus e na nova terra eterna (Bíblia de Estudo MacArthur, nota marginal ao versículos 8-10).

Em meu ponto de vista, os dons concedidos pelo Espírito Santo, foi uma etapa necessária à humanidade para que pudesse reconhecer o que é perfeito. Para mim, os versículos abaixo, nos dão um pista do que é perfeito:

Mateus 5.48: *"Sede vós pois perfeitos, como é perfeito o vosso Pai que está nos céus"*.

Efésios 4.13: *"Até que todos cheguemos à unidade da fé, e ao conhecimento do Filho de Deus, a homem perfeito, à medida da estatura completa de Cristo"*

Hebreus 7.28: *"Porque a lei constitui sumos sacerdotes a homens fracos, mas a palavra do juramento, que veio depois da lei, constitui ao Filho, perfeito para sempre"*.

Ao meu ver, somente Deus é perfeito e Jesus sendo Deus, implica dizer que ele é perfeito, mas não podemos atribuir aqui e também não devemos entender que a referência de que quando vier o que perfeito, seja uma citação como a segunda vinda de Cristo, pois quando Jesus voltar, os mortos ressuscitarão e seremos transformados conforme está escrito em 1 Co 15.52: *"Num momento, num abrir e fechar de olhos, ante a última trombeta; porque a trombeta soará, e os mortos ressuscitarão incorruptíveis, e nós seremos transformados"*.

Então, o entendimento de *"quando vier o que é perfeito"*, não está relacionado a segunda volta de Cristo, pois quando Jesus voltar, todo dom será considerado inútil e por este motivo, perguntamos: qual é o propósito de 1 Coríntios 13.8-10?

A resposta está nas últimas palavras do versículo, devemos procurar o amor. Sem o amor, os dons espirituais não perdem seu valor. Esse é o propósito de 1 Coríntios

13.8-10, pois ele nos mostra que o amor é superior aos dons de profecia, falar em línguas, etc. esses dons desaparecerão, mas o amor permanecerá.

Por outro lado, Grudem apresenta alguns ponto de vista sobre o que é perfeito e dentre eles, cita que naquele tempo, a revelação de Deus estava sendo conhecida (pág. 878), ou seja, acontecia uma parte de cada vez e a primeira carta aos Coríntios era uma dessas partes.

Se essas partes se referem à revelação da Palavra de Deus, o perfeito tem que ser a revelação completa de Deus, ou seja, o Novo Testamento, e quando o Novo Testamento se completou, o dom das línguas cessou, de acordo com o plano de Deus. Esta é uma posição bem coerente sobre o assunto.

De modo análogo, Paulo demonstra a diferença entre o falar e o pensar de uma criança comparada ao de um adulto. *"Quando eu era menino, falava como menino, sentia como menino, pensava como menino; quando cheguei a ser homem, desisti das cousas próprias de menino"* (1 Co 13.11). Assim sendo, é normal a diferença entre a infância e a idade adulta da igreja.

No versículo 13, Paulo resume tudo. Ele falou sobre coisas que cessam e coisas que vêm. Ele mostrou que, durante esta transição, algumas coisas permanecem: fé, esperança e amor. No ponto em que manifesta as línguas e profecia cessam e o perfeito vem, a fé, a esperança e o amor continuam inalterados.

E quando o perfeito vier é a pergunta que podemos formular; a resposta segundo o segmento de alguns estudiosos é que isto tem de ocorrer antes da segunda vinda de Cristo. Grudem escreveu que o apóstolo Paulo visualizando o tempo da volta de Cristo nos dá a entender que esses dons "estarão em operação até a volta de Cristo, ocasião em que serão superados por algo muito maior". (GRUDEM, 1999, pág. 861).

Podemos afirmar que o sinal de línguas era um sinal para judeus incrédulos tendo como finalidade atestar a ação do Espírito Santo sobre os próprios judeus. Depois para atestar que a ação do Espírito Santo havia se expandido aos gentios e não estava restrita somente aos judeus, o sinal de línguas também se fez necessário, mas quando a Palavra foi completada, esse sinal cessou no final do primeiro século com a morte do último apóstolo de Cristo que se encontrava vivo, João.

Gromacki apontando ponto de vista sobre o assunto diz que "a maioria dos dons espirituais, inclusive o de línguas, acabou quando o Cânon do Novo Testamento foi completado ou quando a igreja de Jesus Cristo alcançou a maturidade no fim da era apostólica. Seja como for, a glossolalia genuína cessou lá pelo ano 100 a.D.)" (GROMACKI, 1986, pág. 191).

"*Está escrito na lei: por gente doutras línguas, e por outros lábios, falarei a este povo; e ainda assim me não ouvirão, diz o Senhor. De sorte que as línguas são um sinal, não para os fiéis, mas para os infiéis; e a profecia não é sinal para os infiéis, mas para os fiéis*" (1 Co 14.21,22).

Deus sempre apresentou sinais com uma finalidade específica e o sinal de línguas teve o seu momento cujo objetivo era validar a mensagem dos apóstolos de Cristo. Isto foi necessário até que se completasse o cânon bíblico, neste ponto veio o que é perfeito, ou seja, a Palavra de Deus, dispensando qualquer sinal posterior de validação.

Há aqueles que entendem que o que é perfeito refere-se a Jesus Cristo, e que esta passagem fala sobre o segundo advento de nosso Senhor. O texto grego, vemos que traz a seguinte redação literal: "Mas, quando vier a (coisa) perfeito, a (coisa) em parte será abolida " (1 Co 13.10) (SCHOLZ, 2009, pág. 650).

Estudiosos afirmam que a construção em grego é neutra e descarta a possibilidade de tratar de alguém. Assim sendo, quando o texto diz o que é perfeito, não é uma referência a Jesus Cristo como muitos pensam e também ao Espírito Santo.

A forma que o texto foi escrito, trata de algo, de um objeto, e não de pessoa, assim, não há outro entendimento possível senão o de que este texto trata da Palavra de Deus, que ainda estava naquela época sendo escrita.

Descobrindo e buscando os dons espirituais

Paulo instrui aos cristãos de Corinto a procurar *"com zelo os melhores dons"* (1 Co 12.31a) e diz mais tarde: *"Segui o amor e procurai com zelo, os dons espirituais, mas principalmente que profetizeis"* (1 Co 14.1).

O que pode ser considerado como melhores dons? Minha opinião a esse respeito e, creio que está em acordo com o da maioria dos cristãos é que quando o apóstolo Paulo nos diz para procurar com zelo, isso quer dizer para não buscar determinado dom de modo displicente ou para fins próprios, egoisticamente, mas para que seja utilizado para benefício do corpo de Cristo.

A Bíblia de Estudo Aplicação Pessoal esclarece que o apóstolo Paulo demonstra que um dom não é superior a outro, exortando-nos descobrir como poderemos "servir ao corpo de Cristo com os dons que Deus lhes deu" e que esses dons "não são para seu próprio avanço", pois "eles foram dados para que voce possa servir a Deus e contribuir para o crescimento espiritual dos crentes" (pág. 1602).

> **Procurai com zelo, os melhores dons.** O significado dessa frase tem sido questionado. Alguns acreditam que se refere aos dons mais importantes relatados no v. 28 (especialmente o dom de profecia). Outros argumentam que a frase serve de introdução ao debate sobe o amor no cap. 13. O mais provável, no entanto, é que Paulo esteja antecipando uma ideia que escreveu um pouco mais à frente, "procurai progredir, para a edificação da igreja" (14.12), ou seja, os cristãos devem falar com "entendimento para instruir outros" (14.19). O verbo "procurai", traduzido no imperativo afirmativo, também pode ser traduzido como simples declaração factual. Isto é, Paulo pode estar argumentando que os coríntios se preocuparam tanto em buscar os melhores dons que perderam de vista o propósito ao qual se destinam (Bíblia de Estudo de Genebra, 2009, pág. 1524, nota marginal ao versículo citado).

Por outro lado, MacArthur nos diz que:

> No contexto, isso não poderia significar que cristãos devessem almejar os dons mais proeminentes, quando o capítulo inteiro acabou de confrontar o fato de eles estarem, de maneira pecaminosa, fazendo exatamente isso. Almejar um dom por razões egoístas é errado, posto que eles foram soberanamente concedidos por Deus como lhe aprouve (vs. 7,11,18,28). Assim, deve ser traduzido não no modo imperativo (ordem), mas, como permite o tempo verbal, no modo indicativo (declaração de fato): "De maneira incorreta, voces estão desejando os melhores dons". A verdadeira ordem é para parar de fazer isso e aprender o caminho "sobremodo excelente", o caminho do amor, o qual Paulo explicará no cap. 13 (Bíblia de Estudo MacArthur, 2011, pág. 1548, nota marginal ao versículo).

Assim, retornamos à pergunta: o que pode ser considerado como melhores dons? A resposta mais óbvia depois do que foi apresentado por esses estudiosos, é aquele dom que mais edifica uma igreja. Essa resposta pode até parecer vaga, mas é coerente com a declaração de Paulo, pois ele em 1 Coríntios 14.12 está escrito: "*... visto que desejais dons espirituais, procurai progredir, para a edificação da igreja*".

Assim sendo, a conclusão que podemos chegar de acordo com o contexto que gostaríamos de enfatizar, é que os melhores dons são aqueles que mais edificam a igreja e trazem mais benefício.

Gromacki faz uma observação sobre a expressão apresentada como "os melhores dons", informando que algumas traduções utilizam a palavra "krettona" e nos melhores manuscritos, a palavra é "meidzona" (os maiores dons).

Mais à frente esse autor observa que em Corinto, "proclamar (profecia) e ensinar eram mais necessários para a edificação dos crentes e ignorantes", sendo que o dom de línguas era considerado como um dom "menor do que o dom de profecia", visto que "aqueles dons que trazem a maior edificação aos irmãos crentes têm que ser considerados como os melhores dons" (GROMACKI, 2008, pág. 182).

Nesse sentido, devemos orar e pedir a Deus que nos concede segundo a sua soberana vontade, o dom ou os dons para melhor edificação do corpo de Cristo. Paulo nos traz uma orientação a esse respeito quando diz: "*o que fala em outra língua deve orar para que a possa interpretar*" (1 Co 14.13). Alertando que as pessoas que buscam mais dons espirituais devem ter motivações corretas para isso.

Esse alerta de Paulo, é importante e devemos aplicar em todas as circunstâncias de nossas vidas, pois se os dons espirituais forem buscados só para que a pessoa alcance destaque na igreja, com certeza está errado aos olhos de Deus.

Como exemplo citamos Simão que o livro de Atos 8.19 nos apresenta, quando esse mágico ofereceu dinheiro aos apóstolos quando constatou que pela imposição de mãos deles, era concedido o Espírito Santo: "*Concedei-me também a mim este poder, para que aquele sobre quem eu impuser as mãos receba o Espírito Santo*". A repreensão de Pedro nos versículos 20 e 23 se faz pertinente:

> Mas disse-lhe Pedro: O teu dinheiro seja contigo para perdição, pois cuidaste que o dom de Deus se alcança por dinheiro. Tu não tens parte nem sorte nesta palavra, porque o teu coração não é reto diante de Deus. Arrepende-te, pois, dessa tua iniquidade, e ora a Deus, para que porventura te seja perdoado o pensamento do teu coração; pois vejo que estás em fel de amargura, e em laço de iniquidade.

Em outras palavras, vemos que aquele mágico achou que poderia comprar o poder que o Espírito Santo nos dá gratuitamente e que recebemos segundo a sua vontade. Pela repreensão do apóstolo Pedro àquele mágico, podemos tirar alguns ensinamentos para que não sejamos repreendidos assim como Simão foi. A primeira coisa que devemos fazer é nos afastar do pecado, depois, devemos nos arrepender, pedir perdão a Deus e finalmente ser cheio do Espírito Santo.

Enfim, aqueles que se santificam para tentarem serem merecedores de receber dons espirituais devem primeiro perguntar a si mesmo se está almejando esses dons por amor as pessoas ou por interesse egoísta, pois se alguém tiver grandes dons espirituais, mas não tiver amor, nada representa.

Na carta de 1 Coríntios 13.13 está escrito: *"Agora, pois, permanecem a fé, a esperança e o amor, estes três, mas o maior destes é o amor"*. O apóstolo Paulo ao fazer inferência ao amor, que ele introduziu entre os capítulos 12 e 14, nos lembra que o amor é eterno. Por esse motivo, devemos nos perguntar o que esse apóstolo queria mostrar aos coríntios que era uma igreja conturbada sobre esse assunto.

Creio que a conexão possa ser que Paulo queria mostrar que existia dois caminhos a se tomar: os coríntios poderiam buscar os dons ou ter uma vida que gera o amor. Salientando aqui, que segundo esse mesmo apóstolo, o amor é considerado o maior dos dons e quanto os demais se extinguirem, o amor permanecerá.

1 Coríntios 13.8 está escrito: *"O amor nunca falha; mas havendo profecias, serão aniquiladas; havendo línguas, cessarão; havendo ciência, desaparecerá"*.

Foi ele mesmo que escreveu: *"ainda que eu falasse as línguas dos homens e dos anjos, e não tivesse amor, seria como o metal que soa ou como o sino que tine"* (1 Co 13.1)

Devemos nos lembrar de que com as palavras *"ainda que eu falasse"*, percebemos que seja uma suposição. MacArthur também parte desse princípio quando escreveu sobre as línguas dos anjos e sobre o amor:

> O apóstolo estava escrevendo em termos gerais hipotéticos. Não há nenhum ensino bíblico a respeito de alguma língua dos anjos especial que as pessoas pudessem aprender a falar.
> O amor altruísta está mais preocupado com dar do que com receber... Sem amor, não importa o quão talentoso linguisticamente seja para falar a sua própria língua, outras línguas ou até mesmo (hipoteticamente) a língua dos anjos, o seu discurso não passará de ruídos. No tempo do NT, os rituais que honravam as entidades pagãs Cibele, Baco e Dionísio incluíam ruídos extasiantes acompanhados por gongos, cimbalos e trompetes. A menos que o discurso dos

coríntios fosse feito em amor, não era melhor do que a algaravia do ritual pagão (nota marginal ao versículo).

É por este motivo que Paulo diz para seguir o amor e só depois acrescenta "*e procurai com zelo os dons espirituais*". Ele repete o mesmo tema quando diz que devemos rever nossas aspirações, perguntando por que desejamos esse dom específico.

Finalizando esta seção, gostaria de enfatizar que a nossa motivação deve ser por amor, pelo desejo de edificar a igreja para que Deus seja glorificado; não para que sejamos reconhecidos. Porém, nós podemos até descobrir os dons que o Espírito Santo nos concede e utilizá-los, mas como poderemos buscar por esses dons?

Uma coisa é certa, nós nunca teremos condições de buscar qualquer dom que o Espírito Santo nos conceda, pois o segredo está na palavra "concede", é o Espírito Santo que nos concede dons e nada do que fizermos ou mesmos falarmos poderá mudar isso. Infelizmente, hoje vemos nas igrejas pastores incentivando buscar dons através de jejum, oração, santificação, etc.

É claro que esses instrumentos podem auxiliar, mas devemos ter em mente que é o Espírito Santo que concede e não o que fazemos é que faz o Espírito Santo nos conceder.

Podemos jejuar, orar, procurar ter comunhão a mais perfeita possível com Deus, dentro dos padrões humanos que nos for capaz, porém isso em nada é garantia para buscarmos dons. Vou repetir mais uma vez, o Espírito Santo é quem nos concede os dons e ele é soberano em suas ações e nós não.

Os dons são ferramentas ministeriais

Primeiramente devemos ter em mente que dom é a "capacidade ou talento que o Espírito Santo concede aos servos de Deus para uso em favor dos outros", conforme definição do Dicionário da Bíblia de Almeida (2009, pág. 57).

O Dicionário Bíblico Wycliffe, já define dom como "diversas palavras com o significado básico de 'dádiva' vêm da raiz hebraica nathan significando 'dar'" (2009, pág. 581).

Com essas duas definições, pode-se concluir corretamente que os dons são dádivas, capacidade, talento, ferramentas que nos é concedido pelo Espírito Santo para utilizarmos em nosso ministério.

Isto de alguma forma estará em desencontro como alguns desejam vincular dom com o desenvolvimento de nossa espiritualidade. Devemos reconhecer que os dons espirituais nada têm a ver com a maturidade cristã, mas são ferramentas que devemos utilizar nos ministérios.

Devemos reconhecer ainda, que os dons são dados a todo cristão, independente dele ser novo na fé ou não. Seja qual for o dom que o Espírito Santo conceda ao cristão, ele sempre terá como finalidade em beneficiar espiritualmente todo aquele que recebe o ministério, pois ele faz com que o Espírito Santo seja conhecido e compreendido.

Na primeira carta aos coríntios, o apóstolo Paula escreveu que a *"manifestação do Espírito é concedida a cada um visando a um fim proveitoso"* e, finaliza com essas palavras: *"mas um só e o mesmo Espírito realiza todas estas coisas, distribuindo-as, como lhe apraz, a cada um, individualmente"* (1 Co 12.7,11).

"Cada um exerça o dom que recebeu para servir os outros, administrando fielmente a graça de Deus em suas múltiplas formas" (1 Pe 4.10).

Os versículos acima citados estão em concordância de que mesmo os cristãos imaturos recebem dons espirituais do Senhor e é constatado na igreja de Corinto, que tinha uma abundância de dons espirituais, mas ainda assim, era imatura em muitas áreas de doutrina e conduta (1 Co 1.7).

Em palavras mais simples, diremos que os dons são habilidade sobrenatural concedida por Deus a cada cristão, onde o Espírito Santo ministra ao corpo de Cristo.

Portanto, os dons espirituais necessariamente não são sinais de maturidade espiritual. Isso nos ensina que é possível receber dons espirituais extraordinário em uma área ou outra, e ao mesmo tempo sermos cristãos imaturos no entendimento doutrinário ou na conduta cristã, como era o caso da igreja em Corinto.

Com base nisto, alguém pode até perguntar: por que então, o Espírito Santo nos concede dons espirituais? A resposta direta e objetiva é que o Espírito Santo nos concede dons para usarmos na obra do ministério, pois eles são simplesmente ferramentas a ser usadas para edificação da igreja.

Gromacki citando Laurin discorre sobre o propósito dos dons, assim escreveu: "o propósito dos dons do Espírito Santo foi o de encher o vácuo que haveria de ocorrer entre o estabelecimento da igreja e a maturidade final da igreja[3]".

O que esses autores querem dizer é que como o Novo Testamento ainda não havia sido escrito, "Deus se revelou a si mesmo e revelou a Sua verdade através desses dons" e quando já havia sido escrito, "a necessidade e o propósito desses dons foram removidos", segundo o autor acima citado.

Aqui Cromacki diz que alguns dons devem ser considerados temporários e que estavam ativos "na era apostólica, enquanto outros deveriam ser uma parte permanente da vida da igreja" (op. cit. pág. 180).

Para colocarmos uma pedra sobre o assunto de buscar dons como a maioria dos cristãos é ensinada a pensar e a desejar, ou recebê-los segundo a vontade soberana do Espírito Santo, sem que façamos algo; gostaria de chamar a atenção para uma passagem escrita no evangelho de João 14.16 quando Jesus diz: *"E eu rogarei ao Pai, e ele vos dará outro Consolador, para que fique convosco para sempre"*.

Em momento algum depois dessa declaração, não foi ordenado para quem quer que fosse, judeus daquela época ou cristãos nos dias de hoje, para pedir dom ao Espírito Santo. Atente para as palavras *"ele vos dará"*.

Há outra passagem também em João 20.22 quando Jesus assopra sobre seus discípulos após a ressurreição e diz: ***"recebei o Espírito Santo"***. (grifo deste autor).

É mais que evidente que ninguém pode receber o dom de línguas hoje pela imposição de mãos dos apóstolos, uma vez que esses morreram e estão na fundação da igreja (veja Ef 2.20; Ap 21.14). Quando me refiro a apóstolos, quero dizer os discípulos de Jesus Cristo na época de seu ministério terreno e não àqueles que se intitulam apóstolos ou mesmo àqueles que o são pela definição da palavra.

---

[3] CROMACKI, 1986, pág. 179

O interessante é que o termo apóstolo quer dizer literalmente "mensageiro ou alguém enviado ou um propagador de qualquer ideia ou doutrina[4]", mas usar o título de mensageiro ou propagador de uma ideia ou doutrina, não traz status e também àqueles que se autodenominam apóstolos, não o fazem nesse sentido.

Ninguém, hoje em dia, mesmo os que se denominam apóstolos, preenchem as qualificações bíblicas para serem considerados apóstolos como naqueles tempos.

Vejamos os critérios para ser escolhido como apóstolo: *"É necessário, pois, que, dos homens que conviveram conosco todo o tempo em que o Senhor Jesus entrou e saiu dentre nós, começando desde o batismo de João até ao dia em que de entre nós foi recebido em cima, um deles se faça conosco testemunha da sua ressurreição"* (At 1.21,22). Após a morte de João, não temos notícia de outras pessoas terem sido elegidas apóstolos; então, com a morte de João, finalizou a era apostólica.

Algumas pessoas podem discordar e argumentar que esses que se intitulam apóstolos tem o dom de profetizar, curar, falar as coisas de Deus. Contra argumento que essa não é a questão, pois o que está sendo questionado é o padrão bíblico utilizado para se escolher um apóstolo e não os dons dados pelo Espírito Santo.

Mas, podemos acrescentar que na primeira carta aos Coríntios, capítulo 14, versículo 26 a 29, vemos que a igreja de Corinto tinha um irmão com o dom de profecia. Paulo instrui que o que ele falasse não deveria ser aceito sem que outros com o mesmo dom julgassem; se o que foi dito vinha realmente da parte de Deus.

> *Que fareis, pois, irmãos? Quando vos ajuntais, cada um de vós tem salmo, tem doutrina, tem revelação, tem língua, tem interpretação. Faça-se tudo para edificação. E, se alguém falar em língua desconhecida, faça-se isso por dois, ou quando muito três, e por sua vez, e haja intérprete. Mas, se não houver intérprete, esteja calado na igreja, e fale consigo mesmo, e com Deus. E falem dois ou três profetas, e os outros julguem* (1 Co 14.26-29).

Lembro-me do professor Rodrigo da Escola Teológica Koinonia que costumava dizer: "vocês estão lendo a Bíblia rápido demais" e nesse ponto concordo plenamente com ele.

Finalizando, alertamos novamente que o cristão não deve sentir-se orgulhoso por possuir esse ou aquele dom, e também, não deve ser considerado como sinal de maturidade.

---

[4] Dicionário Eletrônico Aurélio

A maturidade cristã vem quando andamos segundo Jesus Cristo; negamos nossos desejos egoístas; seguindo os caminhos designados por Deus, somos obedientes à sua Palavra e nos disponibilizando a seguir as suas ordens na vida diária.

Batismo no Espírito Santo, qual o modo de receber?

Pode até parecer que o tema deste tópico está fora do tema proposto que é discorrer sobre dons espirituais; no entanto, veremos que os assuntos estão relacionados. O motivo de falarmos sobre batismo do Espírito Santo, deve-se ao fato de que é normal vincular o dom concedido pelo Espírito Santo com o batismo.

Assim sendo, iniciaremos dizendo que segundo o Novo Testamento, podemos entender que batismo no Espírito Santo de uma forma específica, é uma experiência enviada por Jesus Cristo, conforme registrado no Evangelho de Lucas.

Jesus descreveu o batismo no Espírito Santo como sendo "a promessa do Pai", através do qual os crentes em Cristo receberiam o poder do alto: *"E eis que sobre vós envio a promessa de meu Pai; ficai, porém, na cidade de Jerusalém, até que do alto sejais revestidos de poder"* (Lc 24.49).

A Bíblia de Estudo Dake relata que esta profecia foi cumprida em Atos 2; que o batismo no Espírito foi prometido a todos os cristãos que teria a capacidade de confirmar o que se prega, pois, "esta unção de poder é o mesmo que receber a promessa do Pai ou a medida prometida do batismo no Espírito Santo. Poder para fazer as obras de Cristo é a promessa aqui (Jo 14.12; Mc 16.17,18; At 1.4-8) (Nota marginal ao comentário).

A Bíblia também relata que o Espírito Santo concede dons espirituais (ou seja, habilidades) ou ainda carismas (do grego charisma, 'dom'. Força divina conferida a uma pessoa, mas em vista da necessidade ou utilidade da comunidade religiosa[5], tais como os dons de profecia, curas, falar, interpretar línguas, entre outros.

Muitas pessoas – nessa categoria incluo particularmente os pentecostais – acreditam que o batismo no Espírito Santo está restrito ao falar de línguas e no modo de pensar deles, isso realmente é o que evidencia o verdadeiro batismo no Espírito Santo.

Com relação a isso, o entendimento de alguns estudiosos é que o batismo pelo Espírito Santo ocorreu duas vezes: aos apóstolos descrito no livro de Atos, capítulo 2, para capacitá-los a revelar o Novo Testamento e a Cornélio e sua família em Atos 10, para mostrar a aprovação por parte de Deus, referente a conversão dos gentios.

---

[5] Dicionário Eletrônico Aurélio

Depois desses dois casos, a Bíblia afirma que existe um só batismo, conforme podemos constatar no Livro de Efésios, o batismo na água para remissão dos pecados (Mt 28.18-20; At 2.38; Ef 5.26).

"*Há um só corpo e um só Espírito, como também fostes chamados em uma só esperança da vossa vocação; um só Senhor, uma só fé, um só batismo; um só Deus e Pai de todos, o qual é sobre todos, e por todos e em todos vós*" (Ef 4.4-6).

> Todos os crentes em Cristo pertencem a um único corpo, todos estão unidos sob uma única cabeça, o próprio Cristo. Cada crente possui habilidade concedidas por Deus que lhe permitem fortalecer todo esse corpo. Sua habilidade especial pode ser grande ou pequena, mas ela é somente sua, para ser usada na obra de Deus. a frase "o qual é sobre todos" – prova o carinho dominante de Deus (transcendência). A expressão "em todos" – prova sua atuante presença no mundo e na vida dos crentes (imanência). Qualquer conceito a respeito de Deus que possa ofender sua transcendência ou sua imanência não está retratando-o verdadeiramente (Bíblia de Estudo Aplicação Pessoal, nota marginal ao versículo, pág. 1650).

Nessa passagem nós vemos que a igreja é o corpo de Cristo e é composta de todos os cristãos que aceitam Jesus como o cabeça desse corpo; isto pode ser visto na expressão "*um só Senhor*" que é uma referência ao próprio Cristo.

Segundo MacArthur quando Paulo cita "um só batismo", "diz respeito, provavelmente, ao batismo das águas que se segue à salvação, uma confissão pública do cristão da fé em Jesus Cristo. O batismo espiritual, por meio do qual todos os cristãos são colocados no corpo de Cristo (1 Co 12.11-13), está implícito no v. 4 (nota marginal aos versículos, pág. 1605).

> A expressão *há um só corpo* significa que a Igreja é um organismo vivo composto por membros vivos (os santos que foram comprados com sangue de Jesus, nasceram de novo e creem na Bíblia). Esse Corpo espiritual tem uma Cabeça, Cristo, e muitos membros, os cristãos (1 Co 12.12,13).
> Quando Paulo afirma que *há um só Espírito* refere-se ao Espírito Santo, que é a vida e o fôlego desse Corpo, o Agente da regeneração de cada cristão, e que agora mantém uma conexão vital entre cada um desses membros e os demais, e entre estes e Cristo.
> A expressão *uma só esperança da vossa vocação* revela que essa realidade suprema e gloriosa é para judeus e gentios.
> *Um só batismo* pode referir-se ao batismo com o Espírito, que insere todos os cristãos no Corpo de Cristo, a Igreja (1 Co 12.13). Também pode referir-se ao batismo nas águas, o sinal externo de que a pessoa deseja ingressar espiritualmente no Corpo de Cristo. Naquela época, o batismo público claramente identificava o indivíduo como um cristão.
> Quando Paulo diz *um só Deus e Pai de todos*, esclarece que há apenas um Deus para todos os povos, e não um Deus diferente para cada nação.
> *O qual é sobre todos* fala da transcendência de Deus e do poder soberano que Ele não divide com ninguém. E *por todos* fala da imanência de Deus, de Sua ação dominante. E *em todos* fala de Sua presença dentro dos cristãos, Seu

relacionamento pessoal. O único Deus reina sobre todos, opera por meio de todos e habita em todos (RADMACHER & ALLEN & HOUSE, 2010, pág. 508-509).

Assim, vemos que é o batismo que nos insere na igreja, que é o corpo de Cristo. Esse batismo pode ser o batismo no Espírito Santo e ou nas águas; isso nos leva a concluir que para recebermos o batismo no Espírito Santo, ao contrário do que muitos desejam ensinar, ou melhor, complicar, pois as coisas de Deus são fáceis, simples, porém difíceis de seguirmos à risca, devida à nossa natureza pecaminosa. Para receber o batismo no Espírito basta crer e nos tornarmos cristãos em Cristo Jesus.

A concepção pentecostal tradicional

Após escrever sobre como receber o batismo no Espírito Santo, o tema agora abordado se torna importante porque muitos cristãos influenciados pelos pensamentos do pentecostalismo, dizem ter experimentado um "batismo no Espírito Santo" que veio após eles se converterem, trazendo juntamente bênçãos para suas vidas. Que trouxe bênçãos para suas vidas não duvido, pois eles permitiram que Deus fizesse parte dela e onde Deus está, tem sempre bênção, mesmo que não seja que esperamos.

Alguns apresentam seu testemunho dizendo que adquiriram novos hábitos tais como fazer oração, jejuar ou mesmo fazer uma leitura diária dos textos bíblicos e que depois desse novo hábito, passaram a ter mais alegria pela vida, mais amor às coisas divinas.

Alguns, afirmam ainda que receberam dons espirituais, porém, certos cristãos que já possuem a concepção pentecostal arraigada em seu ser, cobram de certa forma dos novos convertidos, uma demonstração visível desse batismo dando ênfase exagerada ao dom de falar em línguas como evidência desse batismo.

Não somos contra o falar em línguas, mas contra essa ênfase sobre determinado dom, pois assim eles se esquecem dos demais dons restantes, pois o foco está exclusivo em apenas um.

Pior ainda, é quando essa ênfase exagerada no falar em línguas, é considerada a regra para receber o batismo no Espírito Santo. Para esses, aqueles que não falam em línguas, então, concluem, não foram batizados pelo ou no Espírito Santo.

Essa posição é tipicamente pentecostal e é vista com bons olhos pela Renovação Carismática Católica (RCC), das quais sustentam sua argumentação em passagens das Escrituras Sagradas de três maneiras:

Em primeiro lugar, eles argumentam que os discípulos de Jesus eram crentes nascidos de novo muito antes do dia de Pentecostes, mas na hora em que Jesus, depois de sua ressurreição, *"soprou sobre eles e disse-lhes: Recebei o Espírito Santo"* (Jo 20.22).

Em segundo lugar, Jesus ordenou a seus discípulos que *"não se ausentassem de Jerusalém, mas que esperassem a promessa do Pai"* (At 1.4). Os discípulos obedeceram à ordem e esperaram em Jerusalém, quando o Espírito Santo veio sobre eles de modo que receberam nova capacitação.

Após dez dias, línguas de fogo pousaram sobre eles, *"todos ficaram cheios do Espírito Santo e passaram a falar em outras línguas, segundo o Espírito lhes concedia que falassem"* (At 2.4), resultando em grande capacitação para o ministério e também no falar em línguas. Particularmente, eu daria ênfase a grande capacitação para o ministério, porém os pentecostais dão ênfase a segunda opção: falar em línguas.

Finalmente, em terceiro lugar, os cristãos hoje, seguindo o exemplo dos apóstolos, devem pedir a Jesus um "batismo no Espírito Santo" e, isso resultará em mais poder para o ministério em nossa vida, exatamente como aconteceu na vida dos discípulos.

Porém, é importante tecer algum comentário sobre cada uma dessas passagens citadas acima:

Em João 20.22 está escrito: *"E, havendo dito isto, soprou sobre eles e disse-lhes: Recebei o Espírito Santo"*. MacArthur argumenta: "considerando que os discípulos não receberam de fato o Espírito Santo antes do dia de Pentecostes, c. 40 dias depois (At 1.8; 2.1-3), essa afirmação deve ser entendida como uma promessa de Cristo de que o Espírito Santo viria".

Radmacher, Allen e House em concordância nos diz que Jesus chamou os discípulos para um ministério que requeria poder espiritual. "Essa frase [recebei o Espírito Santo] se refere a uma preparação especial dos apóstolos que se tornariam o fundamento da Igreja no Pentecostes" (pág. 282).

> *"Havendo dito isso, assoprou sobre eles e disse-lhes: recebei o Espírito Santo"*. Como a narrativa de João sobre a dádiva do Espírito Santo se encaixa no relato tão diferente de Atos 2? Calvino interpretou este evento como uma entrega parcial do Espírito, escrevendo em seu comentário sobre o Evangelho de João que 'o Espírito foi dado aos apóstolos de tal maneira que neles a Sua graça foi apenas borrifada, e assim não foram saturados com o seu poder total". Outros sugerem que o relato de João é preditivo, e tinha a finalidade de deixar claro que quando o Espírito realmente viesse no Pentecostes, Ele seria, inequivocamente, o presente do Senhor ressuscitado. Jesus falou do recebimento do Espírito como se fosse um ato completo porque o era, no sentido de estar garantido pela ressurreição de Jesus. Uma sugestão fascinante é a de que a expressão "assoprou sobre eles" é uma expressão idiomática em aramaico ainda usada hoje em dia, que significa simplesmente "Ele os encorajou". Se for este o caso, o restante das palavras de Jesus aqui deve ser interpretado como promessa e sugestão, permitindo que os discípulos soubessem o que seria feito para eles e o que eles deveriam fazer (RICHARDS, 2007, pág. 246).

Wiersbe faz um paralelo do sopro de Jesus sobre os discípulos com o sopro da vida no primeiro ser humano. Diz que "o sopro de Deus na primeira criação deu vida física, mas o sopro de Jesus Cristo na nova criação deu vida espiritual". Em seguida destaca que "os cristãos receberiam o batismo do Espírito em Pentecostes e teriam poder para realizar seu ministério (At 1.4,5; 2.1-4). Sem o enchimento do Espírito, não seriam capazes de testemunhar de modo eficaz" (WIERSBE, 2008, pág. 507).

No entanto, nem todos os estudiosos compartilham da mesma opinião, assim F. F. Bruce nos diz que "não há razão para supor que o Espírito Santo não tenha sido completamente transmitido nesse momento", finalizando sua argumentação com as seguintes palavras: "o que é descrito mais tarde em Atos (cf. 2.1-4) foi o derramamento do Espírito compreendido especialmente à luz do ministério internacional dos apóstolos no dia de Pentecostes. Que eles foram vivificados aqui, está além de qualquer dúvida" (BRUCE, 2012, pág. 1202).

Outra passagem que devemos analisar está no livro de Atos 1.4 onde lemos: *"E, comendo com eles, determinou-lhes que não se ausentassem de Jerusalém, mas que esperassem a promessa do Pai, a qual, disse ele, de mim ouvistes"*.

> João Batista havia anunciado um futuro batismo do Espírito Santo (Mt 3.11; Mc 1.8; Lc 3.16; Jo 1.33; e ver At 11.16), e a profecia estava prestes a se cumprir. Jesus também havia prometido a vinda do Espírito (Jo 14.16-18,26; 15.26,27; 16.7-15). Os discípulos receberiam poder para servir ao Senhor e fazer sua vontade (Lc 24.49). João havia falado do batismo "com o Espírito Santo e com fogo", mas Jesus não menciona o fogo. Isso porque o "batismo com fogo" será o julgamento futuro, quando a nação de Israel passará pela tribulação (Mt 3.11,12). A aparição de "línguas de fogo" em Pentecostes (At 2.3) não pode ser chamada de batismo (WIERSBE, 2008, pág. 520).

Também está escrito no livro de Atos 2.4 que: *"todos ficaram cheios do Espírito Santo e passaram a falar em outras línguas, segundo o Espírito lhes concedia que falassem"*.

MacArthur nos diz que o batismo com o Espírito contrasta com o enchimento que "é uma realidade repetida do comportamento controlado pelo Espírito que Deus ordena aos crentes manter" (pág. 1437).

A pessoa quando fica cheio do Espírito Santo, tem como resultado poder para testemunhar e também servir. Wiersbe nos diz que "não somos exortados a ser batizados pelo Espírito, pois isso é algo que Deus faz, de uma vez por todas, quando cremos em seu Filho". Porém, Deus ordena que sejamos cheios do Espírito (Ef 5.18) (pág. 527)

Essa ordem divina de que devemos ser cheios do Espírito, deve ser entendida como uma ordem que é dada a todo o cristão para viver dia após dia sob a influência do Espírito Santo. Ser cheio do Espírito Santo, nada mais é do que viver na presença de Jesus, é andar no Espírito assim como Jesus andou.

Após comentar cada uma dessas passagens, nós devemos nos lembrar de que essas são as três maneiras que os pentecostais e a RCC utilizam para enfatizar o batismo do Espírito Santo.

Esses exemplos de certa forma têm mais o objetivo de mostrar que um "batismo no Espírito Santo" posterior à conversão não é uma ocorrência sobrenatural, mas normal para os cristãos do Novo Testamento.

Assim, argumentam que conforme citado no livro de Atos, era normal os cristãos terem essa experiência logo após a conversão ou mesmo algum tempo depois. A partir desse ponto de vista eles concluem que se isso era normal naqueles tempos, então deveria ser normal também para nós hoje.

Finalizando, diremos que a Palavra de Deus não mudou com o passar dos tempos, o que pode ter mudado, é a conduta dos cristãos, seu modo de viver, de interpretar as Escrituras, de viver as Escrituras. Então, isso nos leva a uma pergunta: Que significa batismo no Espírito Santo no Novo Testamento?

Batismo no Espírito Santo no Novo Testamento

Em consulta a Concordância Bíblica Joshua, pesquisando as palavras: batiza, batizados e batizará, encontramos apenas seis passagens no Novo Testamento em que lemos sobre alguém batizado no Espírito Santo.

Devido às diversas traduções existentes, foi levado com consideração as passagens que utilizam a palavra "com" em lugar de "em". Segue abaixo as passagens mencionadas:

1) Mateus 3.11: *Eu vos batizo com água, para arrependimento; mas aquele que vem depois de mim é mais poderoso do que eu, cujas sandálias não sou digno de levar. Ele vos batizará com o Espírito Santo e com o fogo.*
2) Marcos 1.8: *Eu vos tenho batizado com água; ele, porém, vos batizará com o Espírito Santo.*
3) Lucas 3.16: *Eu, na verdade, vos batizo com água, mas vem o que é mais poderoso do que eu, do qual não sou digno de desatar-lhe as correias das sandálias; ele vos batizará com o Espírito Santo e com fogo.*
4) João 1.33: *Aquele, porém, que me enviou a batizar com água me disse: Aquele sobre quem vires descer e pousar o Espírito, esse é o que batiza com o Espírito Santo.*
5) Atos 1.5: *João, na verdade, batizou com água, mas vós sereis batizados com o Espírito Santo, não muito depois destes dias.*
6) Atos 11.16: *Então, me lembrei da palavra do Senhor, quando disse: João, na verdade, batizou com água, mas vós sereis batizados com o Espírito Santo.*

A conclusão que podemos tirar do texto de Mateus 3.11, é que toda pessoa que se arrepender de seu pecado, crer que Jesus Cristo é Deus, e descer às águas (termo muito utilizado nas igrejas em referência ao batismo), será batizado com o Espírito Santo.

É também importante mencionar que nesse versículo menciona também que o batismo também será com fogo. No contexto desse versículo, devemos entender o fogo como um modo de purificação e não no sentido literal da palavra.

Do mesmo modo, Marcos 1.8 e João 1.33, também menciona o batismo com o Espírito Santo, o que também nos leve a concluir que esse batismo também acontece quando a pessoa tem fé em Jesus Cristo.

Lucas 3.16 é outra passagem que além de citar o batismo com o Espírito Santo, cita também o batismo com fogo. Já nos referimos que o fogo nesse contexto deve ser entendido como purificação realizada pelo Espírito Santo que é simbolizada pela metáfora do fogo.

A repetição é didática, pois assim entendemos que o autor desse batismo com o Espírito Santo é Jesus Cristo. É ele quem batiza os seus seguidores. Lembram-se das palavras: "eu vos batizo em nome do Pai, do Filho e do Espírito Santo". Batizar em nome de alguém é tornar-se representante desse. Salientando que existe denominações que batizam apenas em nome de Jesus.

O batismo citado no livro de Atos 1.5 e Atos 11.16, apresenta duas pequenas diferenças do batismo com o Espírito Santo relatado nos sinóticos e no evangelho de João. A primeira diferença está no fato dos apóstolos dessa vez terem que aguardar até o dia de Pentecostes para serem batizados.

A segunda diferença é que após o batismo acontecido no dia de Pentecostes, todas as pessoas crentes em Jesus Cristo que fazem sua profissão de fé e descem as águas (outro modo de se referir ao batismo), são batizadas com o Espírito Santo para a salvação.

É interessante notar que as referências apresentadas, mostram uma coisa em comum: o batismo com Espírito Santo é sempre no início de nossa vida cristã, quando ele nos regenera e nós nascemos para uma nova vida espiritual.

Concluindo esse tópico, lanço mão dos ensinos apresentados por Geziel Nunes Gomes sobre como receber o batismo com o Espírito Santo.

O primeiro passo apresentado por esse renomado autor é "crer de acordo com as Escrituras (Jo 7.37)", seguido de fazer nosso pedido com fé (Lc 11.13; Mt 7.7; Tg 1.6). O terceiro passo a ser dado é que devemos "orar com perseverança (At 1.14; Lc 18.1). "Obedecer de coração (Lc 24.49; At 1.4,12,13)"; "aproximar-se com confiança (Is 55.1; Jo 7.37,38); "demonstrar profunda sede (Is 41.17,18; 44.3; Ap 21.6) e "beber: Ap 22.7; Jo 7.37)", consistem nos passos finais. (GOMES, 2008, pág. 56).

A segunda experiência

O que vem a ser segunda experiência? No meio da igreja nos dias atuais, ao invés de usarmos a expressão segunda experiência, costumamos nomear como capacitação pelo Espírito Santo. Lembrando que a palavra capacitação é o ato de tornar capaz, habilitar, convencer e persuadir, segundo definição do Dicionário Aurélio.

No livro de Atos encontram-se registrados os primeiros acontecimentos ocorridos com a igreja do primeiro século e, um dos relatos mais lembrados e ou discutido, sem dúvida alguma, é o Dia de Pentecostes. Nas Escrituras está assim descrito:

> *E, cumprindo-se o dia de Pentecostes, estavam todos concordemente no mesmo lugar; e de repente veio do céu um som, como de um vento veemente e impetuoso, e encheu toda a casa em que estavam assentados. E foram vistos por eles línguas repartidas, como que de fogo, as quais pousaram sobre cada um deles. E todos foram cheios do Espírito Santo, e começaram a falar noutras línguas, conforme o Espírito Santo lhes concedia que falassem. E em Jerusalém estavam habitando judeus, homens religiosos, de todas as nações que estão debaixo do céu. E, quando aquele som ocorreu, ajuntou-se uma multidão, e estava confusa, porque cada um os ouvia falar na sua própria língua. E todos pasmavam e se maravilhavam, dizendo uns aos outros: Pois quê! não são galileus todos esses homens que estão falando? Como, pois, os ouvimos, cada um, na nossa própria língua em que somos nascidos? Partos e medos, elamitas e os que habitam na Mesopotâmia, Judéia, Capadócia, Ponto e Ásia, e Frígia e Panfília, Egito e partes da Líbia, junto a Cirene, e forasteiros romanos, tanto judeus como prosélitos, cretenses e árabes, todos nós temos ouvido em nossas próprias línguas falar das grandezas de Deus. E todos se maravilhavam e estavam suspensos, dizendo uns para os outros: Que quer isto dizer?* (At 2.1-12).

Enfim, o que podemos definir o que é o Dia de Pentecostes descrito no livro de Atos? Em resposta, lançarei mão dos escritos de Robert Gleen Gromacki que a meu ver, explica o evento:

> O dia era assim denominado porque era celebrado no quinquagésimo dia (a nossa palavra é transliteração do termo grego pentekostes), depois da apresentação do primeiro molho da ceifa de cevada. Era o quinquagésimo dia depois do primeiro domingo após a Páscoa (cf. Lev 23.15ss). Também era conhecido como a Festa das Semanas (Êx 34.22; Deut 16.10) e como o Dia das Primícias (Êx 23.16; cf. Núm 28.26), porque era o dia em que os primeiros frutos da ceifa de trigo eram apresentados a Deus. No judaísmo posterior, esse dia era considerado como o aniversário da entrega da Lei no Monte Sinai. O dia particular de Pentecostes era mui significativo, porque era o quinquagésimo dia após a ressurreição de Jesus Cristo e dez dias após a sua ascensão aos céus (At 1.2,3). GROMACKI, 1986, pág. 126-127).

Se entendermos corretamente a experiência acontecida no dia de Pentecostes registrada na citação acima, veremos que não encontraremos no restante das Sagradas Escrituras outros exemplos de pessoas que tiveram essa "segunda experiência" de capacitação dada pelo Espírito Santo logo após a sua conversão, como aquelas citadas no livro de Atos 8 (em Samaria quando deram crédito a evangelização de Filipe); 10 (a família do centurião Cornélio que viviam em Cesaréia) e 19 (os discípulos de Éfeso que haviam sido batizados por João Batista).

Grudem comenta o episódio de Atos 19 com as seguintes palavras:

> Em Atos 19, mais uma vez encontramos uma situação de algumas pessoas que não tinham realmente ouvido o evangelho da salvação por meio de Cristo. Elas tinham sido batizadas no batismo de João Batista (At 19.3); portanto, eram provavelmente pessoas que tinham ouvido João Batista pregar ou tinham conversado com quem havia ouvido sua pregação e tinham sido batizadas "no batismo de João" (At 19.3) como sinal de que estavam arrependidos dos seus pecados e preparando a si mesmas para o Messias que estava por vir. [...] É provável que elas nem mesmo soubesse que Jesus viera, vivera e morrera, pois Paulo teve de lhes explicar: "João realizou batismo de arrependimento, dizendo ao povo que cresse naquele que vinha depois dele, a saber, em Jesus" (At 19.4). Portanto, esses "discípulos" em Éfeso não tinham o entendimento da nova aliança ou a fé da nova aliança, e certamente não tinham uma capacitação pelo Espírito Santo que pertence à nova aliança – eles eram "discípulos" apenas no sentido de seguidores de João Batista que ainda estavam esperando pelo Messias (GRUDEM, 1999, pág. 644).

Grudem complementa dizendo que esses discípulos em Éfeso não servem de padrão para nós, porque diferentemente deles, hoje nós não temos fé em um messias que está por vir, pois sabemos que esse messias já veio, viveu entre nós, morreu e ressuscitou na pessoa de Jesus Cristo.

Sabemos que esses exemplos citados, não podem ser considerados convincentes que comprovem a doutrina do batismo com o Espírito Santo. A única exceção está registrada na passagem de Atos 11.15-17:

> *E, quando comecei a falar, caiu sobre eles o Espírito Santo, como também sobre nós no princípio. E lembrei-me do dito do Senhor, quando disse: João certamente batizou com água; mas vós sereis batizados com o Espírito Santo. Portanto, se Deus lhes deu o mesmo dom que a nós, quando havemos crido no Senhor Jesus Cristo, quem era então eu, para que pudesse resistir a Deus?* (At 11.15-17).

Embora essa passagem não declare explicitamente de batismo no Espírito Santo, a palavra "caiu", refere-se à descida do Espírito Santo sobre a família de Cornélio, quando Pedro começou a pregar para aquela família, o Espírito Santo "caiu sobre eles", como havia acontecido com eles no princípio.

As palavras "no princípio" é uma referência feita sobre o Dia de Pentecostes registrado em Atos 2 que segundo Radmacher, Allen e House, ocorreu aproximadamente dez anos antes desse testemunho.

Perigo em ter duas posições de ensino na igreja

Em várias épocas na história da igreja, assim como também nos dias de hoje, podemos encontrar cristãos que dividiram a igreja. Normalmente essa divisão acontece por causa de um grupo de pessoas que começam a formar o que chamamos de "panelinha", ou seja, formar um grupo fechado, isolando os demais, apesar de negar esse fato.

Esse tipo de grupo pode acontecer porque não há consenso entre grupos formados na igreja que tenham pensamentos divergentes um do outro, ou mesmo quando um líder dá mais atenção a determinado grupo ou até mesmo quando tem divergência doutrinária diferente de outro grupo, ou por qualquer outro motivo qualquer.

O problema dessas opiniões divergentes, se não tratadas com a devida atenção e entendimento, pode resultar nessa não desejada divisão e, o grupo que mais sofre nesse processo, não é o grupo mais fraco, mas é o grupo de cristãos, a igreja.

Quando a conciliação de ideias não se harmoniza e impera a vontade de determinado grupo, ocorre à divisão; a igreja fica dividida e cada grupo leva o seu grupo afim junto para outra igreja ou cria uma nova igreja.

Esse perigo pode-se acentuar com relação à doutrina do batismo no Espírito Santo. Cria-se uma linha divisória que muitas vezes é negado por alguns. De um lado dessa linha, encontram-se os cristãos que chamaremos de cristãos comuns que é a maioria dos membros da igreja, que não possuem entendimento teológico, bíblico, mas verdadeiros em sua fé.

Do outro lado, podemos encontrar os cristãos que também não possuem entendimento teológico, bíblico, mas gostam de enfatizar que foram batizados no Espírito ou cheios do Espírito.

Apesar de essa ser uma ênfase dada pelas igrejas pentecostais, pode-se perceber que esse tipo de ensino tem afetado ou mesmo infectado muitas igrejas de outras denominações. Muito do ensino pentecostal ensinava que os cristãos poderiam ser crentes batizados no Espírito Santo ou crentes de certa forma considerados "santificados" ou cheios do Espírito, dos crentes normais ou comuns.

O que me faz lembrar que não apenas nas igrejas protestantes como também na igreja católica romana (os carismáticos), existe também esse modo de pensar, porém, há uma distinção entre nós (protestantes e católicos), pois no catolicismo romano existem não apenas duas, mas três categorias de cristãos: cristãos comuns, os sacerdotes e os santos.

Não sei se vocês concordam comigo: mesmo que na visão geral das igrejas, seja ela protestante ou católica negue querer dividir os cristãos em duas ou mais categorias, mas o inevitável acontece e na maioria das vezes, essa divisão não se apresenta explicitamente.

Um exemplo disso pode ser visto na história do cristianismo quando Martim Lutero afixou sua tese à porta da igreja para discutir. Inevitavelmente, mesmo que Lutero não desejasse, houve a divisão e daí houve o rótulo de quem tivesse aquele tipo de pensamento apresentado por Lutero, foi designado como protestante.

Outro exemplo prático é quando perguntamos em alto e bom som quem foi ou não batizado no Espírito Santo ou mesmo questionamos (mesmo que silenciosamente e de modo velado) se determinado cristão foi ou não batizado pelo Espírito Santo, simplesmente porque ele não se encaixa no padrão estipulado ou mesmo estabelecido daquela igreja.

De maneira implícita e sucinta, essa pergunta ou questionamento, insinua que há dois grupos de cristãos, ou seja, aqueles que tiveram essa experiência de batismo no Espírito Santo e aqueles que não a tiveram.

O problema é que isso de uma maneira imperceptível quando no início, contribui para a divisão dentro da igreja e pode levar também ao ciúme de uma parte e até mesmo um tipo de orgulho da outra parte.

Meu ponto de vista é que não importa quanto às pessoas que receberam esse batismo ou essa capacitação especial se achem melhor do que os outros. Por mais jeitinho que se tente dizer isso a esses irmãos que (supostamente) não tiveram essa experiência, fica a evidência dessa divisão.

Sei que o intuito não é dividir, mas o desejo sincero deles é quererem que os outros também compartilhassem daquela mesma experiência da qual eles passaram. Esse que é o verdadeiro perigo, pois esses acabam esquecendo-se que não existe um padrão definido e definitivo e que o Espírito Santo trata individualmente com cada pessoa.

Por melhor que seja essa experiência vivenciada e por mais que um cristão deseje que outros a experimentem, esse é um caminho de duas vias, porque pode trazer a vontade da pessoa procurar se encher com o Espírito Santo, quanto causar à esse irmão ou irmã o isolamento espiritualmente; pois esse ou essa pessoa pode intimamente se julgar fraco. Isso pode causar um bloqueio e o resultado que esse irmão ou irmã, não conseguirá ter essa experiência por não se achar merecedor.

Eu acredito que essas pessoas querem levar a sua experiência adiante e de uma maneira clara e positiva querem fazer com que outros também a tenham. Elas não sentem orgulho em seu coração por causa dessa experiência, pelo menos a maioria deles não sente, mas a certeza de que existe essa segunda categoria de cristãos, nunca irá se desfazer, e isso é evidente.

Não é para sermos ou sentirmos orgulho; devemos ser humildes conforme as Escrituras nos ensinam. Quando se trata de destacar a nossa própria honra, ou quiser se apresentar a pessoa como mais espiritual que outros, podemos estar à beira de um precipício, pois nos esquecemos de que somos seres humanos falíveis e temos a tendência de cometer erros, mesmo que não seja essa a intenção.

Também não quero dizer que aqueles que não se apresentem como "espirituais" são melhores ou piores de um ponto de vista, pois todos nós cometemos erro. Sabemos que o orgulho é errado e, de que não merecemos a honra, porque essa só pertence a Deus e somente a Ele deve ser dada.

Se voltarmos nossa atenção às Escrituras, constataremos que o Novo Testamento não apresenta nenhum ensino sobre um cristianismo de dois grupos.

Em nenhum lugar de qualquer das epístolas veremos Paulo ou Pedro dizer a uma igreja: "Vocês precisam ser batizados no Espírito Santo para serem verdadeiros cristãos" e também em nenhum lugar leremos que Jesus ressurreto falar: "Peçam-me que eu os batize no Espírito Santo".

Mas com toda certeza poderemos encontrar uma referência que se aplica a isso. Lucas 11.17 está escrito: *"Todo o reino, dividido contra si mesmo, será assolado; e a casa, dividida contra si mesma, cairá".*

O que é ser cheio do Espírito Santo?

Pode-se perceber e até mesmo constatar que a expressão "ser cheio do Espírito Santo" normalmente é mais utilizado no Novo Testamento e por esse motivo, seu uso é frequente, sendo mais comum de se encontrar em contextos onde se relaciona ao crescimento na vida cristã e às vezes também a ministério.

> O livro de Atos relata o "derramamento" do Espírito e suas múltiplas operações. Em algumas ocasiões a ênfase recai principalmente sobre a energia do Espírito como se ele estivesse agindo de maneira impessoal (caiu, cheio do, cf. At 2.1s). Noutras ocasiões ele aparece de forma manifestante pessoal, como em At 5.1-11, onde se nota que é possível mentir contra ele, bem como em certas passagens que falam sobre sua orientação, nomeação e consolo. No livro de Atos, igualmente, Cristo e o Espírito são claramente distinguidos entre si. Note-se especialmente At 8.16 e 19.1-6, onde os dons do Espírito são dados subsequentemente ao dom da regeneração, e são aparentemente mais visíveis e audíveis. Entretanto, não há base para inferir que a experiência do poder doado pelo Espírito possa ser possuído separadamente de Cristo. É para aqueles que creem na promessa feita anteriormente a Cristo (cf. as referências que antecipam At 2.39 – Is 54.13; 57.19; Jl 2.28-32), e por meio de Cristo e que esperam seu cumprimento que é dado o Espírito (DOUGLAS, 2006, pág. 454).

O apóstolo Paulo escrevendo aos efésios cita em sua carta: *"não embriaguem com vinho, que leva à libertinagem, mas deixem-se encher pelo Espírito"* (Ef 5.18 NVI). MacArthur comentando a respeito dessa passagem relata:

> Embora a Escritura condene, consistentemente, toda embriaguez, o contexto sugere que Paulo aqui está falando a respeito das orgias dos ébrios, comumente associadas com as cerimônias de adoração pagãs desses dias. Supunha-se que elas induzissem alguma comunhão extática com as entidades. Paulo refere-se a isso como o "cálice dos demônios" (1 Co 10.189,20). A verdadeira comunhão com Deus não é induzido pela bebedice, mas pelo Espírito Santo. Paulo não está falando a respeito da habitação do Espírito Santo (Rm 8.9) ou do batismo de Cristo com o Espírito Santo (1 Co 12.13), pois todo cristão é habitado e batizado pelo Espírito no momento da salvação. Em vez disso, ele está dando uma ordem aos cristãos para viverem continuamente sob a influência do Espírito, deixando a Palavra controlá-los, buscando uma vida pura, confessando todo pecado conhecido, morrendo para si mesmos, rendendo-se à vontade de Deus e dependendo do seu poder em todas as coisas. Ser cheio do Espírito é viver na presença consciente do Senhor Jesus Cristo, deixando a mente dele, por meio da Palavra, dominar tudo que é pensado e feito. Ser cheio do Espírito é o mesmo que andar no Espírito. Cristo exemplificou esse modo de vida (Lc 4.1) (nota marginal ao versículo).

O que J. D. Douglas interpretou é que o apóstolo Paulo fez um contraste com a embriaguez do vinho que produz a sensação temporária de liberdade, bem-estar, e etc.

com a pessoa ser cheio do Espírito Santo que produz, não a sensação temporária, mas definitiva de bem-estar, produz a liberdade, o entendimento, a salvação, etc.

Quando estamos em Cristo, o Espírito Santo faz com nós gozemos de uma alegria infinitamente superior e duradoura, ao contrário dos efeitos temporários produzidos pelas drogas em geral (aqui também me referindo às drogas lícitas e ilícitas).

Por esse motivo, o importante é nos enchermos do Espírito Santo e não devemos nos preocupar qual é esse nível de enchimento, mas devemos centrar nossa atenção ao quanto nós nos entregamos a ele.

Gromacki faz uma observação que é interessante citar: "não há nenhuma ordem para que alguém seja batizado com o Espírito, porém há um mandamento de ficar cheio (Ef 5.18)" (GROMACKI, 1986, pág. 154).

Grudem por outro lado, comentando esse versículo chamam a atenção que Paulo "usa um verbo no presente do imperativo que poderia ser traduzido de modo mais explícito por 'sejam continuamente cheios pelo Espírito Santo', dando a entender assim que isso é algo que deve acontecer continuamente com os cristãos" (pág. 650).

Complementa um pouco mais adiante que:

> Tal plenitude do Espírito Santo resultará em adoração renovada e ação de graças (Ef 5.19,20) [...] Acrescentando-se a isso, uma vez que o Espírito Santo é o Espírito que nos santifica, tal enchimento resultará muitas vezes em aumento na santificação.
> Além disso, uma vez que o Espírito Santo é quem nos capacita para o serviço cristão e nos dá dons espirituais, tal enchimento resultará muitas vezes em maior poder para o ministério e maior eficiência e talvez diversidade no uso de dons espirituais (GRUDEM, 1999, pág. 650).

No livro de Atos, vemos a maior atividade do Espírito Santo, porém isso de forma alguma quer dizer que o Espírito Santo não trabalhava antes do evento do Pentecostes. Langston acertadamente nos diz que o Espírito Santo "não era estranho ao progresso da humanidade e do reino de Deus em qualquer época da história" e complementa que Ele "tem trabalhado ativamente desde o princípio da criação".

> E é interessante pensar como o Espírito Santo tem trabalhado em relação ao mundo. Hoje, milhões e milhões de pessoas já foram convencidas do pecado, da justiça e do juízo, creem e tem sido salvas em Jesus Cristo. A obra realizada pelo Espírito Santo neste sentido é simplesmente extraordinária. O Espírito Santo trabalha tão ativamente hoje como em qualquer época na história deste mundo [...] Quando Jesus expirou na cruz, poucas pessoas estavam convencidas de que a salvação vinha por meio dele; hoje, porém, numeram-se em milhões e milhões os que creem no seu nome. Tudo isso é o resultado do trabalho do Espírito Santo convencendo o mundo do pecado, da justiça e do juízo (LANGSTON, 1999, pág. 269).

O versículo contido no livro de Atos 2.4 relata que os discípulos e aqueles que se encontravam juntos deles foram todos cheios do Espírito Santo. Outra passagem, também no livro de Atos 4.5-8, relata que o apóstolo Pedro quando estava diante do sinédrio estava cheio do Espírito Santo: *"Então, Pedro, cheio do Espírito Santo lhes disse..."* (At 4.8).

Mais tarde e neste mesmo capítulo, novamente Pedro e os outros apóstolos oravam, foram novamente cheios do Espírito Santo: *"E, tendo orado, moveu-se o lugar em que estavam reunidos; e todos foram cheios do Espírito Santo, e anunciavam com ousadia a palavra de Deus"* (At 4.31).

Com as citações acima, verificamos que o apóstolo Pedro ser cheio do Espírito Santo por várias vezes, embora ele já tivesse sido cheio do Espírito Santo no Dia Pentecostes descrito em Atos 2.4; ficou novamente cheio do Espírito Santo no sinédrio, e outra vez em Atos 4.31.

Portanto, com base nesses textos, podemos concluir que o enchimento do Espírito Santo não é uma experiência única, como muitos têm ensinado em nossas igrejas. Esses chegam a dizer que devemos nos encher do Espírito Santo e estamos sempre cheios porque o Espírito Santo faz morada em nós e sempre que precisarmos de novo enchimento (aqui se referindo a capacitação) devemos buscá-lo para nos encher ainda mais.

O mais correto a se pensar, é que possamos ver esse enchimento do Espírito Santo, como um evento que pode ocorrer várias vezes na vida de um cristão. Com relação a essa capacitação citada acima, devemos entender como uma capacitação temporária para uma tarefa específica. Porém, sempre digo às pessoas, não devemos deixar nossa incapacidade ser suprida pelo Espírito Santo, devemos nos capacitar para melhor servi-lo.

Já ouvi diversos cristãos dizer que quando uma pessoa está cheio do Espírito Santo não pode tornar-se mais cheia e como já ocorreu na igreja em que congrego, fizeram uma analogia com um copo de água, dizendo que se um copo está cheio de água, não se pode colocar mais água nele, pois seu conteúdo derramará.

Outra vez, fizeram a mesma analogia com um copo contendo uma água turva por mistura de um determinado produto e uma jarra de água pura que foi lentamente derramado sobre a água turva e aos poucos vemos que a água foi clareando. Essa analogia foi interessante e correta, pois versava sobre a ação do Espírito Santo em nossas vidas.

Há ainda muitas outras analogias que normalmente se utiliza para outros assuntos, inclusive sobre a Trindade, essa analogia do copo com água cheio de água onde é derramado mais água e tem como resultado derramamento da água, dizendo que estamos desperdiçando ou que o Espírito Santo não pode encher o que já está cheio, é uma analogia que podemos considerar paupérrima, isso para não dizer deficiente e antibíblica.

Essas pessoas esquecem um detalhe muito importante: somos pessoas e não copos com água e o Espírito Santo não pode ser mensurado a uma substância simplesmente como a água que encherá o copo. O Espírito Santo é Deus, com toda certeza é poderosíssimo, muito além de nossa pobre e ineficiente compreensão. Com certeza ele pode nos fazer crescer e nos tornar capazes de conter muito mais do seu poder.

A meu ver, uma analogia que teria condições de se aproximar pobremente do enchimento do Espírito Santo em nossas vidas, seria a de um balão de ar quente. Já acompanhei diversos documentários e até competição, vendo pessoas utilizando esse meio para filmar, competir, viajar, documentar e para que o balão cumpra o seu papel, ele precisava constantemente estar cheio de ar quente. Esse ar necessita ser soprado continuamente para dentro do balão e em certo sentido ficar mais cheio para continuar no ar.

Já o copo, como vimos, acontece o contrário, pois quando está cheio de água, e quando se coloca mais água, inevitavelmente a água excedente derrama. Por esse motivo, é que considero a analogia do balão mais apropriado ao caso do enchimento com o Espírito Santo.

Fica aqui duas perguntas interessantes para a ocasião e para que possamos fechar esta seção: "como pode o Espírito Santo habitar no cristão e enchê-lo, quando o Novo Testamento ensina que o crente ainda tem uma carne ou uma natureza pecadora?" A resposta para tal pergunta, deixarei a cargo de Pfeiffer, Vos e Rea:

> A natureza pecadora do cristão é um assunto já julgado e continua condenado, porque "Deus, enviando seu Filho em semelhança da carne do pecado, pelo pecado condenou o pecado na carne, para que a justiça da lei se cumprisse em nós, que não andamos segundo a carne, mas segundo o Espírito" (Rm 8.3,4). O bendito Espírito Santo pode habitar ao lado da natureza pecadora porque ela é considerada como crucificada ou morta, e desta forma permanece como já

julgada e os seus dias estão contados (Rm 6.6; Gl 2.20; 5.24). (PFEIFFER, VOS E REA, 2009, pág. 682)

A segunda pergunta parte do princípio de que se o Espírito Santo habita em nós, de que maneira ocorre esse enchimento? E esta pergunta nos leva a uma terceira: como é que somos cheios com o Espírito Santo?

De nossa parte carnal, depende de que abramos caminho para receber o Espírito Santo, sigamos os passos de Cristo e tenhamos fé nele. A parte espiritual que independe do ser humano, devemos deixar para o próprio Espírito Santo venha nos capacitar, encher, convencer, guiar, habitar.

Lembrando que como é o Espírito Santo que nos concede dons como ele bem quiser e entender, assim também devemos pensar que ele também nos encherá segundo sua própria vontade.

Podemos estar cheios do Espírito Santo e ao mesmo tempo também ser capaz de receber mais do Espírito Santo, se o próprio Espírito assim o desejar para que tenhamos a capacidade mínima de cumprir outras tarefas em nosso ministério, como nos ensina a Bíblia, pois a palavra final pertence somente a Ele: o Espírito Santo.

Propósito dos dons no Novo Testamento

O propósito principal dos dons espirituais serem dados aos cristãos, obviamente é para edificação da igreja a fim de que a pessoa cumpra seu ministério até Jesus Cristo voltar.

"O propósito expresso do dom do Espírito é equiparar para o testemunho e para as obras poderosas de Deus em Cristo, quando ele operou salvação em Sião" é o entendimento apresentado por J. D. Douglas (pág. 454).

O propósito dos dons pode ser confirmado pelas palavras de Paulo quando ele escreve aos coríntios: *"de maneira que não vos falta nenhum dom, aguardando vós a revelação de nosso Senhor Jesus Cristo"* (1 Co 1.7).

O contexto desse versículo escrito por Paulo nos diz que a posse dos dons espirituais são dados a cada cristão sem considerar a maturidade ou espiritualidade deste e a situação dos coríntios que é aguardando o retorno de Cristo, nos dá a entender que os dons no Novo Testamento, foram dados à igreja após o período da ascensão de Cristo até a sua volta.

> Os membros da igreja de Corinto tinham todos os dons espirituais de que precisavam para viver a vida cristã, testemunhar a favor de Cristo e posicionar se contra o paganismo e a imoralidade de Corinto. Mas, em vez de usar o que Deus lhes deu, estavam discutindo a respeito de quais dons eram mais importantes [...] Paulo garantiu aos crentes coríntios que Deus deveria achá-los "irrepreensíveis" por ocasião da volta de Cristo. Essa garantia não se devia a seus grandes dons ou a seu brilhante desempenho, mas ao que Jesus Cristo realizou por eles por meio de sua morte e ressurreição (Bíblia de Estudo Aplicação Pessoal, nota marginal ao versículo).

Analisando a história bíblica, concluiremos que o derramamento do Espírito Santo com poder ocorrido no dia de Pentecostes conforme relatado em Atos 1.8, teve como propósito principal em capacitar os discípulos de Jesus que estavam reunidos no cenáculo para a pregação do evangelho.

Creio que essa capacitação continuará até que Jesus Cristo volte, conforme nos diz a Palavra de Deus. Lembrem-se das palavras: *"de maneira que não vos falta nenhum dom, aguardando vós a revelação de nosso Senhor Jesus Cristo"* (1 Co 1.7).

Paulo ensina e lembra ainda aos crentes em Jesus Cristo que deveriam procurar progredir no uso que faziam dos dons espirituais, para a edificação da igreja (1 Co

14.12): *"Assim também vós, como desejais dons espirituais, procurai abundar neles, para edificação da igreja".*

Ao escrever aos Efésios, ele menciona que quando Cristo ascendeu ao céu, concedeu dons *"com vistas ao aperfeiçoamento dos santos para o desempenho do seu serviço, para a edificação do corpo de Cristo"* (Ef 4.12).

"Aperfeiçoamento diz respeito a restaurar algo à sua condição original ou à sua forma adequada ou perfeita. Nesse contexto, refere-se a conduzir os cristãos do pecado para a obediência" segundo interpretação de MacArthur (nota marginal, pág. 1606)

Esta interpretação está em concordância com Radmacher, Allen e House que explicam com mais detalhe:

> A palavra usada para espirituais aqui é diferente da que Paulo usou até o momento (o vocábulo dons não aparece no texto grego). Em vez de pneumatikon ou pneumatika, ele usa a palavra comum pneuma, com o sentido de espíritos. Eles desejavam espíritos (v.2). Paulo, talvez, esteja falando com ironia, descrevendo que eles haviam voltado às antigas práticas da adoração pagã dos gregos. Ou ele, talvez, use espíritos para dizer que eles estavam falando em línguas. Paulo procura redirecionar o zelo deles às manifestações legítimas do Espírito Santo, que seriam úteis para os companheiros de adoração (RADMACHER, ALLEN, HOUSE, 2010, pág. 439).

Assim, com base em tudo que foi escrito, podemos afirmar que o Espírito Santo é nossa garantia e os dons que ele nos concede é uma amostra gratuita da operação mais completa que será nossa após a segunda volta de Cristo.

O que é adorar a Deus em espírito e em verdade?

João 4.24 está escrito: *"Deus é Espírito, e importa que os que o adoram o adorem em espírito e em verdade"*. O que realmente o autor que escreveu este versículo pretendia dizer aos seus leitores com estas palavras? O que é realmente adoração?

Adoração é um ato que glorifica a Deus ou render culto à divindade conforme descreve o Dicionário Aurélio. "Veneração elevada que se presta a Deus, reconhecendo-lhe a soberania sobre o universo, o governo moral, a força de seus decretos e o seu redentivo amor através de Jesus Cristo" (ANDRADE, 2010, pág. 33).

"Culto, honra, reverência e homenagem prestados a poderes superiores, sejam seres humanos, anjos ou Deus", segundo definição do Dicionário da Bíblia Almeida (2009, pág. 12). Adoração é ainda, oferta de homenagem, honra e louvor a Deus (ERICKSON, 2011, pág. 11).

Muitos de nós utilizarmos a palavra adoração em um sentido mais específico, dizendo que podemos adorar a Deus por meio do louvor. Nesse sentido, adoração segundo essas pessoas, passa a ser a atividade de glorificar a Deus em sua presença com nossa voz e com o coração.

Mas será que adorar e louvar tem o mesmo significado? Certamente que não. A definição de adoração foi apresentada linhas atrás, então, resta apresentar a definição de louvar para chegarmos a um veredicto. Segundo o Dicionário Eletrônico Aurélio, louvar é: "dirigir louvor(es) a; elogiar, gabar: exaltar, enaltecer, glorificar; confirmar com elogio; aprovar; aplaudir; bendizer; calcular o valor de; avaliar".

Pelas definições acima apresentadas, a que se aproxima mais do conceito de adorar, é a palavra dirigir louvor(es) a; no entanto, podemos dizer que o louvor no sentido prático em sua essência, pode não significar necessariamente um cântico de músicas que citam e ou falam da Palavra de Deus.

Nesse sentido, digo que louvar a Deus pode significar a voluntariedade daqueles que chamamos em nossas igrejas de levitas em adorar e servir a Deus com seu dom.

Contudo, a adoração não precisa estar vinculada a entoar canções comumente chamadas nos dias de hoje de gospel. Devemos nos lembrar de que a adoração também não precisa está vinculada a uma ritualística, culto instituído pela igreja.

Isaías 1 nos mostra essa realidade, quando Deus usando seu profeta condena o formalismo do culto prestado à Ele: *"De que me serve a mim a multidão de vossos sacrifícios? – diz o Senhor. Estou fato dos holocaustos de carneiros e da gordura de animais cevados e não me agrado do sangue de novilhos, nem de cordeiros, nem de bodes. Quando vindes para comparecer perante mim, quem vos requereu o só pisardes os meus átrios? Não continueis a trazer ofertas vãs; o incenso é para mim abominação, e também as Gestas da Lua Nova, os sábados, e a convocação das congregações; não posso suportar iniquidade associada ao ajuntamento solene"* (Is 1.11-13).

A interpretação de Champlin nos diz que já não havia espiritualidade alguma e que tudo havia se transformado em "a formas e rituais" e que "a lei não obedecida; os pecados haviam corrompido todas as coisas, Yahweh, pois, expressou o Seu desinteresse por esse tipo de fé religiosa".

Finaliza dizendo que Deus havia descartado todo o complexo do sistema religioso, "porque o significado havia-se perdido, mediante a corrupção generalizada da moral e os atos abertos de violência e pecados de toda a espécie" (CHAMPLIN, 2001, pág. 2790).

Ao refletirmos sobre o propósito da adoração, após a leitura de tudo o que foi escrito até este momento, isso nos faz lembrar de que Deus é digno de adoração e nós não o somos, porque o plano de Deus é que somente Ele e mais ninguém ou mesmo qualquer outra coisa, receba os créditos pela salvação: *"Minha glória, não a darei a outrem"* (Is 48.11).

Outra prova de que Deus deve ser o nosso único objeto de nossa adoração, pode-se encontrar nas Escrituras quando o apóstolo João teve de ser advertido para não adorar qualquer criatura, mesmo que seja um anjo celestial (veja Ap 22.8,9).

Mais um exemplo é quando o apóstolo Pedro afirma que os dons espirituais devem ser usados de modo que *"seja Deus glorificado, por meio de Jesus Cristo"* (1 Pe 4.11).

Para concluir, diremos que adorar a Deus em espírito e verdade, está relacionado ao amor que dedicamos à Deus. Este ato deve ser contínuo em nossas vidas. Adorar a Deus em espírito e em verdade não é contemplação, é serviço.

Em resumo, adorar a Deus em espírito e em verdade é glorificar a Deus, reconhecendo a sua soberania sobre todas as coisas, crendo em seus justos decretos e seu amor a humanidade através de seu filho Jesus Cristo.

Consequências da adoração genuína

Quando adoramos a Deus em espírito e em verdade, estamos sujeitos a alguns fatores que ocorrem em nossas vidas como consequência direta dessa adoração.

Um desses fatores está no fato de que quando adoramos a Deus, estamos nos aproximando espiritualmente mais Dele. Através dessa aproximação, nós nos alegramos em Deus e consequentemente, eu acredito que Deus também se alegra em nós.

Outro fator é a consequência desses fatores, resultará no fortalecimento de nossa crença em Deus que resultará ainda no batismo com o Espírito Santo que nos concede dons para edificação da igreja. Em decorrência disso, notaremos que as pessoas percebem a manifestação de Deus em nossas vidas.

A realidade dessas consequências em nossas vidas é verdadeira e podem ser constatadas. Quando nos alegramos em Deus, por exemplo, é porque nos regozijamos e sentimos uma grande satisfação nele.

Sabemos através dos escritos bíblicos que Deus criou os seres humanos não somente para glorificá-lo mas também para nos alegrarmos nele, confiarmos nele e, é bem possível que experimentemos essa alegria integralmente em Deus no advento da segunda vinda de Cristo (parousia).

Assim, ao nos alegrarmos em Deus, poderemos até dizer que também Deus se alegra em nós. As Escrituras ensinam que quando Deus criou o universo, contemplou tudo e relata que Deus viu que era bom, no entanto, quando criou o homem, a percepção ganhou mais uma palavra: viu Deus que era muito bom.

A palavra "muito" que foi acrescentada ao relato do final da criação, implica em uma diferenciação. Isso pode ser entendido como Deus tem alegria especial em nós seres humanos. Já ouvi diversos pastores que ao pregarem utilizam a expressão que somos a coroa da criação.

Ao escrevermos que ao aproximarmos de Deus, quero agora enfatizar que Deus também se aproxima de nós. Está afirmação não é contrária à Bíblia, pois nos tempos veterotestamentário, também conhecida como antiga aliança, os meios para se aproximar de Deus era bastante limitada, pois somente se conseguia isso, através das cerimônias realizadas no templo.

Digo de forma bastante limitada porque ao estudarmos sobre os costumes e lermos mais atentamente à Bíblia, veremos que na realidade, a maior parte do povo de Israel não podia entrar no templo, pois esses tinham de permanecer no pátio.

Essa limitação era também aplicada aos sacerdotes. Por exemplo, eles poderiam entrar no átrio externo do templo, mas no Lugar Santo ou no Santo dos Santos, era proibido, a menos que fosse designado para isso e, mesmo assim, deveria se purificar.

No Santo dos Santos ninguém poderia entrar exceto o sumo sacerdote e isso era feito apenas uma vez por ano. Mas, sob a nova aliança selada por Cristo, agora os cristãos têm o privilégio de entrar diretamente no Santo dos Santos a todo o momento: *"Tendo, pois, irmãos, intrepidez para entrar no Santo dos Santos, pelo sangue de Jesus"* (Hb 10.19).

MacArthur nos diz que "por causa do ministério de Cristo como Sumo Sacerdote e de seu sacrifício consumado, os hebreus podem se colocar com intrepidez na presença de Deus" (nota marginal ao versículo, pág. 1705).

> Antes que o pecado possa ter acesso ao Santo Lugar, precisa achar perdão, junto ao altar aspergido de sangue, e purificação da culpa e da natureza pecaminosa, junto ao lavabo da purificação. [...] No entanto, o cristão "recém-nascido" logo verifica que ainda tem uma inclinação para o pecado, devido à natureza carnal herdada de Adão. Percebe que tem vida, porém não a abundante; tem luz, que muitas vezes se mistura com a sabedoria do mundo; e que tem amor, mas não o perfeito, que lança fora o medo (WILEY, 2008, pág. 439-440).

"Tendo em vista tudo quanto Cristo já fez" comenta Guthrie, "não há razão porque todos os crentes não possam aproximar-se com confiança [...] A palavra aqui traduzida intrepidez é a palavra para a confiança que o Novo Testamento geralmente relaciona com a liberdade do homem por causa do seu novo relacionamento com Deus". Conclui que "a via de aproximação é pelo sangue de Jesus, que aqui resume tudo quanto Jesus fez por nós ao oferecer-Se a Si mesmo" (GUTHRIE, 2008, pág. 197-198).

Na carta de Tiago está escrito: *"Chegai-vos a Deus, e ele se chegará a vós"* (Tg 4.8). Isto quer dizer que este é um processo de procurarmos ter uma relação de amor com Deus que descreve uma via de mão dupla.

Este tem sido o padrão com que Deus trata o seu povo em toda a Bíblia e por esse motivo, devemos crer que isso é válido nos dias de hoje, pois mudaram-se os costumes, mas Deus ainda permanece o mesmo.

Deus nos fortalece, quando o adoramos. Mesmo que o propósito principal da adoração seja glorificar a Deus, somos fortalecidos na adoração e a igreja é edificada. Quando adoramos a Deus, Ele nos fortalece, fazendo crescer nossa fé nele que traz paz aos nossos corações.

O somatório de tudo isso é que as pessoas percebem a presença de Deus em nossas vidas. As Escrituras Sagradas através dos escritos do apóstolo Paulo relata esse fato: *"e assim, lançando-se sobre o seu rosto, adorará a Deus, publicando que Deus está verdadeiramente entre vós"* (1 Co 14.25b).

Como entrar em adoração genuína

A adoração não é apenas o ato de adorar e ou cultuar uma divindade ou a Deus, nesse último caso (adorar. cultuar a Deus) é uma atividade espiritual que precisa ser efetuada pelo poder do Espírito Santo em nós. Em outras palavras, isso quer dizer que devemos orar para que o Espírito Santo nos capacite a adorar corretamente.

O fato de que comprova ser a adoração genuína, fica evidente nas palavras de Jesus: *"Mas vem a hora e já chegou, em que os verdadeiros adoradores adorarão o Pai em espírito e em verdade; porque são estes que o Pai procura para seus adoradores, Deus é espírito; e importa que os seus adoradores o adorem em espírito e em verdade"* (Jo 4.23,24).

> À luz da vinda de Jesus como o Messias e o Salvador, os adoradores serão identificados, não por um determinado santuário ou local, mas por seu culto ao Pai por meio do Filho. Com a vinda de Cristo, as distinções anteriores entre verdadeiros e falsos adoradores baseados em localizações desapareceram. Os verdadeiros adoradores são todos aqueles que adoram a Deus de coração por meio do Filho em qualquer lugar (Bíblia de Estudo MacArthur, 2011, pág. 1390).

João ao escrever que *"Deus é espírito"* queria mostrar que Deus não é um ser físico, limitado ao tempo, espaço como nós seres humanos e também é invisível. Isso quer dizer que Deus está presente em todos os lugares (onipresença) e consequentemente também pode ser adorado em qualquer lugar, a qualquer tempo, pois o mais importante não é onde adoramos, mas como adoramos ao Senhor.

Se queremos realmente nos aproximar de Deus em adoração, devemos lutar por uma santificação pessoal. O autor de Hebreus lembra aos cristãos *"seguir em paz com todos e a santificação, sem a qual ninguém verá o Senhor"* (Hb 12.14).

"O versículo fala em santidade querendo significar que a retidão prática, determina a percepção de uma pessoa. Tal retidão nos permite ver o Senhor agora" (RADMACHER, ALLEN, HOUSE, 2010, pág. 664), e Jesus disse que somente o puro de coração verá a Deus (Mt 5.8).

Dom de profecia

Escrever sobre o dom de profecia torna-se um desafio, pois as obras que se encontra sobre esse dom, apesar de serem termos relacionados, na realidade o que é tratado nessas obras versa mais sobre o profeta do que a profecia em si.

No entanto, iniciamos trazendo a definição do que é profecia; segundo o Dicionário Aurélio profecia é: "Predição do futuro feita por um profeta; oráculo, vaticínio, presságio" e figuradamente como "hipótese, suposição, conjetura". De acordo com o objetivo deste trabalho, manteremos a melhor definição que se enquadra ao assunto e descartaremos as definições no sentido figurado.

Apesar de algumas definições para o dom de profecia estar sempre vinculado à predição do futuro, não devemos ter tal definição exclusivamente como dom de previsão apenas.

Na definição do Aurélio, podemos ler também a palavra oráculo que segundo a definição também apresentada por esse mesmo dicionário é: "[Do lat. oraculu.]; 1. Resposta de um deus a quem o consultava. 2. Divindade que responde a consultas e orienta o crente; 3. Fig. Palavra, sentença ou decisão inspirada, infalível, ou que tem grande autoridade".

Complementando essa definição, podemos ler no Dicionário Teológico (pág. 305) que profecia é a revelação inspirada, sobrenatural e única do conhecimento e da vontade de Deus.

Claudionor Andrade acrescenta:

> A profecia bíblica tem dois objetivos: 1) Manifestar os fatos concernentes a Deus e as suas relações com a humanidade; 2) Declarar os seus decretos em momentos de crise espiritual, visando preservar as alianças e concertos estabelecidos entre o Eterno e o seu povo.
> [...] Toda a Bíblia, de maneira genérica, consiste de matéria profética. Sem profecia, o conhecimento de Deus tornar-se-ia impossível.
> As profecias que hoje são enunciadas por intermédio do charisma, embora válidas para a exortação, consolação e edificação dos fiéis, não possuem valor canônico: não têm a a validade das profecias registradas na Bíblia, nem possuem autoridade para modificar qualquer dogma ou artigo de fé baseado nas Escrituras. Elas têm de passar pelo crivo da Bíblia Sagrada para serem recebida pela igreja (1 Co 15.26-40) (ANDRADE, 2010, pág. 305).

Grudem abordando o assunto sobre como falar da autoridade da profecia nos dias de hoje, nos alerta em concordância com Claudionor Andrade que "as profecias na igreja hoje devem ser consideradas palavras meramente humanas, não palavras de Deus, e não equivalentes às palavras de Deus em autoridade" (GRUDEM, 1999, pág. 897).

Com isso, abre-se uma nova perspectiva sobre o que é profecia, assim podemos considerar por extensão que profecia é a proclamação divina de uma palavra que vem espontaneamente à mente de uma pessoa.

No caso de um cristão pode ser uma pregação ou mesmo uma palavra revelada, pois a função de um profeta não é apenas interpretar fatos passados, presentes ou futuros como comumente costumamos pensar. A real função da pessoa que possui o dom de profecia está diretamente ligada em trazer ao conhecimento dos membros da igreja a Palavra de Deus e também levar a petição de nossas orações a Deus.

Os profetas do Antigo e Novo Testamento

No Antigo Testamento, era a pessoa devidamente vocacionada e autorizada por Deus para falar por Deus e em lugar de Deus (Ez 2.1-10). O profeta era um mestre incontestável quando sob a inspiração do Espírito Santo Porta-voz oficial da divindade, sua missão era preservar o conhecimento divino e manifestar a vontade do único e verdadeiro Deus (Dicionário Teológico).

Como escrito acima, os profetas da época do Antigo Testamento tinham uma responsabilidade enorme, pois eles possuíam a capacidade de falar e escrever palavras que aos olhos dos israelitas que levavam à religiosidade muito a sério, eram vistos com o teor de autoridade divina.

Esse reconhecimento de inspiração divina da parte daquele que falava, pode ser visto quanto eles proclamavam as palavras introdutórias: "Assim diz o Senhor". Apenas por curiosidade, consultei uma concordância e contei que a palavra *"Assim diz o Senhor"* aparece 354 vezes no Antigo Testamento.

Isso demonstra um fato interessante, que os diversos profetas dos textos veterotestamentário, atribuíam as palavras que se seguiam, atribuíam à autoridade de Deus informando que naquelas palavras quem era o autor e após, se seguiam às palavras que o próprio Deus revelava a seu profeta, para conhecimento das pessoas que ele deveria transmitir.

Demonstra ainda, que a Bíblia é um livro de autoria divina, apesar de ter sido escrito por mãos humanas. Desse modo, devemos entender que os profetas do Antigo Testamento utilizavam seu próprio estilo literário as palavras ditas ou inspiradas por Deus.

É importante ainda, lembrarmos que Deus em sua infinita sabedoria, sempre respeitou a limitação dos seus servos e não colocava esses profetas em transe ou os usava mecanicamente para escreverem através da psicografia ou dizerem as suas palavras pela psicofonia como é visto no movimento espírita.

Mesmo que as palavras escritas não fossem 100% (cem por cento) palavra por palavra inspiradas por Deus, essas palavras registradas nas Sagradas Escrituras, expressavam o desejo daquilo que Deus havia transmitido.

A implicação naqueles tempos, era que se voce não cresse nas palavras ditas pelos profetas ou mesmo desobedecer a elas após "Assim diz o Senhor", equivalia a não crer no próprio Deus ou desobedecer a própria palavra e vontade de Deus. Os exemplos s seguir mostram essa realidade:

Deuteronômio 18.18-20 está escrito: *"Eis lhes suscitarei um profeta do meio de seus irmãos, como tu, e porei as minhas palavras na sua boca, e ele lhes falará tudo o que eu lhe ordenar. E será que qualquer que não ouvir as minhas palavras, que ele falar em meu nome, eu o requererei dele. Porém o profeta que tiver a presunção de falar alguma palavra em meu nome, que eu não lhe tenha mandado falar, ou o que falar em nome de outros deuses, esse profeta morrerá".*

"E disse o Senhor a Samuel: Ouve a voz do povo em tudo quanto te dizem, pois não te têm rejeitado a ti, antes a mim me têm rejeitado, para eu não reinar sobre eles" (1 Sm 8.7).

"Então um dos homens dos filhos dos profetas disse ao seu companheiro, pela palavra do Senhor: Ora fere-me. E o homem recusou feri-lo. E ele lhe disse: Porque não obedeceste à voz do Senhor, eis que, em te apartando de mim, um leão te ferirá. E como dele se apartou, um leão o encontrou e o feriu" (1 Rs 20.35-36).

Porém, não devemos nos esquecer de mencionar que o contrário também tinha suas implicações, ou seja, se alguém se passasse por um profeta de Deus, anunciasse sua palavra e fosse descoberto que na realidade Deus não falara aquelas palavras, a punição seria a morte.

"Quando o profeta falar em nome do Senhor, e essa palavra não se cumprir, nem suceder assim; esta é palavra que o Senhor não falou; com soberba a falou aquele profeta; não tenhas temor dele" (Dt 18.22).

"Quando profeta ou sonhador de sonhos se levantar no meio de ti, e te der um sinal ou prodígio, e suceder o tal sinal ou prodígio, de que te houver falado, dizendo: Vamos após outros deuses, que não conheceste, e sirvamo-los; não ouvirás as palavras daquele profeta ou sonhador de sonhos; porquanto o Senhor vosso Deus vos prova, para saber se amais o Senhor vosso Deus com todo o vosso coração, e com toda a vossa alma. Após o Senhor vosso Deus andareis, e a ele temereis, e os seus mandamentos guardareis, e a sua voz ouvireis, e a ele servireis, e a ele vos achegareis. E aquele profeta ou sonhador de sonhos morrerá, pois falou rebeldia contra o Senhor vosso Deus, que vos tirou da terra do Egito, e vos resgatou da casa da servidão, para te apartar do caminho que te ordenou o Senhor teu Deus, para andares nele: assim tirarás o mal do meio de ti" (Dt 13.1-5).

MacArthur comentando sobre aqueles que não falavam da parte de Deus, escreveu:

Em contraste com o verdadeiro profeta, Moisés predisse que falsos profetas se intrometeriam em Isael, falando não em nome do Senhor, mas em nome de falsos deuses. Como o povo poderia saber se um profeta estava falando autenticamente da parte de Deus? Moisés disse: Se "a palavra dele se não cumprir", então não procedia de Deus. A característica dos falsos profetas é que suas predições nem sempre se cumprem. Às vezes, falsos profetas dizem que algo vai acontecer e isso acontece, mas eles representam falsos deuses que estão tentando desviar as pessoas do verdadeiro Deus. Por isso devem ser rejeitados e executados. Outras vezes, falsos profetas são mais sutis e identificam-se com o Deus verdadeiro, mas falam mentiras. Se as profecias desse profeta falham, fica demonstrado que ele é falso (pág. 256).

Citamos páginas atrás que a palavra *"Assim diz o Senhor"* é mencionado 354 vezes nos textos do Antigo Testamento e, isto é a reivindicação do próprio texto, afirmando que é a Palavra de Deus. No entanto, *"Assim diz o Senhor"* não é mencionada uma única vez nos textos neotestamentário. Isto quer dizer que nos textos do Novo Testamento, não havia profetas para escreverem a Palavra de Deus?

De forma alguma. No Novo Testamento, temos conhecimento e é inquestionável que também houve pessoas que falaram e escreveram as palavras do próprio Deus, registrando-as nas Escrituras.

Porém, o que pode parecer surpreendente é que o termo profeta que possuía a autoridade de escrever as palavras de Deus, não é aplicada a seus autores. Ao invés de Jesus chamar essas pessoas de profetas como era designado no Antigo Testamento, agora, ele emprega um novo termo para eles, "apóstolos".

Para melhor entendimento, devemos consultar o Dicionário Aurélio e veremos que ele traz três significados para a palavra apóstolo:

1. Cada um dos 12 discípulos de Jesus Cristo.
2. Aquele que evangeliza.
3. Propagador de qualquer ideia ou doutrina

Outra definição sobre o significado da palavra apóstolo, encontramos no Dicionário Bíblico Wycliffe, página 162 que assim nos apresenta:

O termo grego apóstolos vem do verbo apostellein, "enviar", "remeter". O substantivo e o verbo são usados pela LXX para traduzir o hebraico Shalah e seus derivativos. Estas palavras gregas e hebraicas são ocasionalmente usadas para mensageiros como ênfase naquele que envia, de forma que o agente se torna uma extensão da personalidade e da influência do mestre.
[...] A palavra apóstolos, usada para "mensageiro" ou "agente", também é encontrada no grego clássico. No NT a palavra "apóstolo" é usada tanto em um sentido amplo quanto estrito. Todo apostolado é centrado em Jesus, que é o Apóstolo (Hb 3.1-6) enviado por Deus para ser o Salvador do mundo (1 Jo 4.14).

Com as definições apresentadas pelos dicionários Aurélio e Wycliffe, podemos com certo grau de certeza, afirmar que os apóstolos são os equivalentes aos profetas do Antigo Testamento (veja 1 Co 2.13; 2 Co 13.3; Gl 1.8,9; 11,12; 1 Ts 2.13; 4.8,15; 2 Pe 3.2).

Agora, são os apóstolos e não os profetas, que possuem autoridade para escrever as palavras das Escrituras do Novo Testamento. Se isso não fosse verdade, teríamos mais escritos do que atualmente constam em nossas Bíblias. Nos textos sinóticos, vemos que o povo considerava Jesus um profeta.

Lucas relata que Jesus considerava João Batista como o maior profeta nascido de mulher e este apenas escreveu sua história no papel do cristianismo e não textos. Também vemos em Lucas 2.36 a presença da profetisa Ana, filha de Fanuel, da tribo de Aser; ela também marcou presença na história, mas não escreveu a história; e por ser também profeta, seus escritos (se é que ela escreveu, pois a Bíblia não menciona este fato), esses escritos não eram considerados autoridade para redigir as Escrituras.

Lembrando também que quando os apóstolos desejavam estabelecer a sua autoridade, eles ao invés de reivindicarem e apelar para o título de profeta, eles também se intitulavam apóstolos (Rm 1.1; 1 Co 1.1; 9.1,2; 2 Co 1.1; 11.12,13; Gl 1.1; Ef 1.1; 1 Pe 1.1; 2 Pe 1.1; 3,2).

Exposto esta condição, torna-se oportuno fazer a seguinte pergunta: Qual é então, o significado da palavra profeta na época do Novo Testamento? A resposta para esta questão está no próximo tópico.

A palavra profeta no Novo Testamento

Vimos que os apóstolos tinham a equivalência do profeta no Antigo Testamento, contudo deveremos verificar qual é o verdadeiro significado da palavra profeta no Novo Testamento.

No entanto, é importante questionar se o significado da palavra profeta nos tempos de Jesus tinha a mesma conotação que tinha nos tempos do Antigo Testamento? Se a resposta for positiva, por que será que Jesus utilizou outra palavra para designar quem tinham tal revestimento?

Tendo em vista que o cânone do Antigo Testamento encontrava-se fechado nos tempos de Cristo; houve um período de alguns poucos séculos onde as vozes dos profetas havia se calado; período esse conhecido como período interbíblico que durou até o surgimento de João batista. Uma possível resposta é que provavelmente a palavra profeta naquela época possuía outro significado.

Assim como nos dias de hoje, as palavras profeta e profetizar podem ser aplicados às pessoas comuns que falam não com autoridade divina, mas simplesmente para relatar algo que Deus havia colocado no coração ou trazido à mente. Ou seja, a palavra profeta naquela época, não possuía o sentido de ser aquele que fala as palavras do próprio Deus como era considerado no Antigo Testamento.

Grudem argumentando sobre o significado da palavra profeta na época do Novo Testamento escreveu:

> Por que Jesus escolheu o novo termo, apóstolo para designar os que tinham autoridade para redigir as Escrituras? Provavelmente porque a palavra grega prophetes (profeta) na época do Novo Testamento possuía uma ampla gama de significados. Em geral, não possuía o sentido "aquele que fala as palavras do próprio Deus", mas sim "aquele que fala baseado em alguma influência externa" (muitas vezes alguma espécie de experiência espiritual). Tito 1.12 emprega a palavra nesse sentido, quando Paulo cita o poeta pagão grego Epimênides: "Foi mesmo, dentre eles, um seu profeta, que disse: Cretenses, sempre mentirosos, feras terríveis, ventres preguiçosos". Os soldados que zombam de Jesus também parecem empregar a palavra profetizar nesse sentido, quando vendam Jesus e exigem cruelmente: *"Profetiza-nos quem é que te bateu?"* (Lc 22.64) (GRUDEM, 1999, pág. 893).

Argumenta ainda que muitos escritos extrabíblicos empregam a palavra profeta sem implicar "autoridade divina nas palavras do chamado profeta". Segundo ainda Grudem, "o termo profeta no uso cotidiano simplesmente significava, muitas vezes, 'aquele que possui conhecimento sobrenatural' ou 'alguém que prediz o futuro' – ou mesmo só 'porta-voz' (sem nenhuma conotação de autoridade divina)" (idem, pág. 893).

Nesse sentido, podemos dizer que Jesus empregou o termo apóstolo a seus discípulos para distingui-los e demonstrar a autoridade da qual eles seriam revestidos.

É conveniente lembrar que apesar de muitos crerem em seu ponto de vista que não existe diferença entre as palavras profeta e discípulo, essa ideia se desfará com uma rápida consulta aos dicionários.

A palavra profeta, segundo o Dicionário Eletrônico Aurélio, informa que profeta é aquele que prediz o futuro. Já a palavra discípulo apresenta quatro ideias que diferenciam totalmente da palavra profeta. O significado apresentado para a palavra discípulo é: "aquele que recebe ensino de alguém; aquele que aprende; aquele que aprende ou estuda qualquer disciplina; aluno; aquele que segue as ideias ou doutrinas de outrem".

Assim compreendemos o motivo pela qual Jesus não utilizou a palavra profeta aos seus discípulos, pois ele não queria que alguém pudesse pensar ou mesmo rotular seus discípulos apenas com o título de adivinhadores. Porém, vemos pelas Escrituras que Jesus mais utiliza o termo apóstolo.

Apóstolo segundo o Dicionário Aurélio, como foi mencionado no tópico "O profeta no Antigo e Novo Testamento" é: "cada um dos 12 discípulos de Jesus Cristo; aquele que evangeliza; propagador de qualquer ideia ou doutrina". Com essas definições, compreendemos a diferença entre discípulo e apóstolo e no caso dos doze escolhidos por Jesus, a palavra apóstolo tem melhor aplicação para o objetivo do chamado deles.

Utilizando do ensinamento prestado por Grudem ao escrever que a palavra profeta era quase exclusiva de uma pessoa que tem a capacidade de predizer futuros e também não implica qualquer autoridade divina, temos como exemplo, mesmo que veladamente, essa aplicação quando "os soldados que zombavam de Jesus também parecem empregara a palavra profetizar nesse sentido, quando vendam Jesus e exigem cruelmente: '*Profetiza-nos quem é que te feriu?*'" (Lc 22.64)".

> Obviamente, as palavras profeta e profecia eram as vezes empregadas em referência aos apóstolos em contextos que destacavam a influência espiritual externa (do Espírito Santo) sob a qual falavam (e.g. Ap 1.3; 22.7 e Ef 2.20; 3.5), mas essa não era a terminologia normal referente aos apóstolos e os termos profeta e profecia também implicavam autoridade divina para suas palavras ou escritos (GRUDEM, 1999, pág. 893).

Para nossa surpresa, encontramos nas Sagradas Escrituras quatro indícios de que os profetas da época do Novo Testamento, não falavam com autoridade equivalente à palavra de Deus.

Em Atos dos apóstolos está escrito: "*Encontrando os discípulos permanecemos lá durante sete dias; e eles, movidos pelo Espírito, recomendavam a Paulo que não fosse a Jerusalém*" (At 21.4).

Na Bíblia de Estudo de Genebra apresenta o seguinte comentário: "Paulo não era desobediente ao Espírito, que o estava compelindo ir a Jerusalém (20.22). Esses anseios motivados pelo Espírito eram manifestações compreensíveis de seus amigos em reação à revelação do Espírito de que Paulo logo seria preso e sofreria maus-tratos (20.23; 21.11,12)".

> Esse não foi um mandamento do Espírito para Paulo não ir a Jerusalém. Pelo contrário, o Espírito tinha revelado aos crentes de Tiro que Paulo enfrentaria sofrimento em Jerusalém. É compreensível, portanto, que eles tentassem dissuadi-lo (como seus amigos em breve o fariam, v. 12) de ir para lá. A missão de Paulo em Jerusalém lhe fora dada pelo Senhor Jesus (20.24); o Espírito jamais lhe daria ordem para abandoná-la (Bíblia de Estudo MacArthur, nota marginal ao versículo).

Como podemos constatar e conhecendo o temor a Deus que Paulo possuía, sabemos que ele jamais desobedeceria a uma palavra dita pelo próprio Deus ou mesmo se essas palavras contivessem a autoridade equivalente à das Escrituras.

O segundo exemplo, podemos encontrar no seguinte relato: "*Demorando-nos ali alguns dias, desceu da Judéia um profeta, chamado Agabo; e, vindo ter conosco, tomando o cinto de Paulo, ligando com ele os próprios pés e mãos, declarou: Isto diz o Espírito Santo: Assim os judeus em Jerusalém farão ao dono deste cinto, e o entregarão nas mãos dos gentios*" (At 21.10,11).

Nesses dois versículos de Atos 21, lemos que quando o apóstolo Paulo se encontrava em Cesaréia a caminho de Jerusalém, o profeta de nome Agabo veio da Judéia e profetizou que os judeus em Jerusalém amarrariam Paulo e o entregariam as mãos dos gentios.

Ao darmos continuidade a leitura, veremos que essa predição não se cumpriu corretamente, pois foram os romanos, não os judeus que "ligaram" ou seja, prenderam Paulo.

O versículo 33 deste mesmo capítulo conta quem prendeu Paulo: "*Então, aproximando-se o tribuno, o prendeu*". O objetivo desse questionamento está no fato de Agabo dizer que seria os judeus que prenderiam Paulo, quando na realidade foi o tribuno.

O detalhe é que se não prestarmos atenção às palavras que o profeta diz, mesmo nos dias de hoje, estaremos criando brechas para profetadas porque o Espírito Santo sendo Deus, possuidor dos mesmos atributos de onisciência, não cometeria tal engano.

Alguém pode até argumentar e dizer que o resultado foi o mesmo, mas pergunto: e o meio que aconteceu; e a precisão da profecia revelada pelo Espírito Santo? Será que o Espírito Santo erraria a nacionalidade de quem prenderia Paulo?

Se por outro lado, o erro foi do profeta Agabo ao transmitir a mensagem apresentada pelo Espírito de Deus, então, como um bom profeta de Deus, ele deveria apenas dizer que Paulo seria preso.

Não devemos acrescentar palavras à Palavra de Deus. Se a mensagem não foi bem clara, devemos orar a Deus e pedir que a mensagem seja mais clara e não darmos detalhes daquilo que nos foi revelado.

Discorrendo sobre esse assunto, Grudem sabiamente escreveu:

> Depois, em Atos 21.10,11, Agabo profetizou que os judeus em Jerusalém amarrariam a Paulo e o entregariam nas mãos dos gentios, predição quase correta, mas não do todo: os romanos, não os judeus, prenderam Paulo (v.33; também 22.29) e os judeus, em vez de o entregarem voluntariamente, tentaram matá-lo, de modo que ele teve de ser resgatado à força (v. 32). A predição não estava muito distante, mas continham imprecisões em detalhes que levantariam dúvidas quanto à validade de qualquer profeta do Antigo Testamento (GRUDEM, 1999, pág. 894).

Também lemos no capítulo 22, versículo 29: "*E logo dele se apartaram os que o haviam de examinar; e até o tribuno teve temor, quando soube que era romano, visto que o tinha ligado*". Detendo-nos às Escrituras, veremos um versículo depois que os judeus, não queriam aprisionar Paulo, mas desejavam a sua morte:

"*E alvoroçou-se toda a cidade, e houve grande concurso de povo; e, pegando Paulo, o arrastaram para fora do templo, e logo as portas se fecharam. E, procurando eles matá-lo, chegou ao tribuno da coorte o aviso de que Jerusalém estava toda em confusão; o qual, tomando logo consigo soldados e centuriões, correu para eles. E, quando viram o tribuno e os soldados, cessaram de ferir a Paulo*" (At 21.30-32).

As predições de Agabo demonstraram imprecisões que o Espírito Santo em hipótese alguma cometeria. O versículo não indica o cumprimento de nenhuma das duas partes da profecia de Agabo: não menciona a prisão por mãos dos judeus, nem que os judeus entregaram Paulo aos romanos.

Mas isso não poderá desmerecer a validade dos verdadeiros profetas do Novo Testamento e é por este motivo que em 1 Co 14.29 está escrito: *"E falem dois ou três profetas, e os outros julguem"*.

Se na época do Novo Testamento os profetas eram vistos mais como adivinhadores, hoje o mesmo deveria acontecer dentro de nossas igrejas ao constatarmos que suas "pretensas mensagens" dadas por Deus não se cumprirem. A isso, intitulo profetada, visagem ou revelamento, pois esses pseudoprofetas denigrem a verdadeira profecia, visão e revelação dada por Deus.

O problema maior não está nas mensagens não se cumprirem, mas o povo de Deus não confrontar esses "falsos profetas" desmascarando-os perante a igreja. Creio que se todos os cristãos confrontassem as profecias que vem sendo dita nas igrejas, esse quadro se reverteria.

Não quero com isso deixar a entender que sou contra aqueles que se intitulam profetas e profetisas ou mesmo que "levam" uma profecia à igreja ou a qualquer membro em particular. Sei que o Espírito Santo pode usar uma pessoa com visão, revelação e profecia para nos alertar.

O que realmente acontece é que esse profeta ou profetisa desejoso em mudar a situação daquele momento, confunde o seu próprio desejo querendo que algo aconteça na vida daquela pessoa ou na vida da igreja diz com ar de autoridade, costumando dizer ser profecia ou falando em nome de Deus para que assim, aquela pessoa tome uma posição.

Porém, sendo essa é a situação, o erro persiste e não devemos aliviar a pressão, pois temos também que considerar que pode ser laço do inimigo.

Isto é o que deve ser combatido dentro das igrejas, pois seria melhor essa pessoa dizer: é desejo de meu coração que isso aconteça na sua vida ou peço a Deus que isso aconteça, ou mesmo, pelo que percebo, isso poderá acontecer ou penso que acontecerá, ou talvez qualquer coisa nesse sentido.

Devemos crescer e perceber através das Escrituras que os profetas no Antigo Testamento falavam em nome de Deus e se suas profecias não se cumprissem, eles seriam desprezados e até mesmo mortos por dizer que estavam falando em nome de nosso santo Deus.

Gostaria também de dizer que nem sempre um profeta de Deus terá uma profecia para nós, pois há momentos em que Deus veda a revelação ou profecia a seus servos. Exemplo disso pode ser visto no versículo de número 27 de 2 Reis, capítulo 4, quando o profeta Eliseu diz a seu servo Geazi que Deus não lhe revelou o que havia acontecido à sunamita.

As profecias são para edificar, exortar, e consolar conforme é apresentado nas Escrituras em 1 Coríntios 14.3: *"Mas o que profetiza fala aos homens para edificação, exortação e consolação"* e não meramente adivinhação e exaltação de si próprio como visto nos dias atuais.

> Sabendo primeiramente isto: que nenhuma profecia da Escritura é de particular interpretação. Porque a profecia nunca foi produzida por vontade de homem algum, mas os homens santos de Deus falaram inspirados pelo Espírito Santo (2 Pe 1.20,21)

Talvez alguns de voces que estejam lendo essas linhas, possam pensar que sou radical em alguns sentidos, no entanto, afirmo que não o sou, mas devemos levar as coisas de Deus mais a sério, pois temos a tendência em minimizar a situação, e muito mais ainda quando se trata de um assunto polêmico como este.

Esse assunto é tão sério que encontramos exortações sobre isso nas Escrituras, conforme cito abaixo:

Mateus 7.15: *"Acautelai-vos, porém, dos falsos profetas, que vêm até vós vestidos como ovelhas, mas, interiormente, são lobos devoradores"*.

Mateus 24.11: *"E surgirão muitos falsos profetas, e enganarão a muitos"*.

Mateus 24.24: *"Porque surgirão falsos cristos e falsos profetas, e farão tão grandes sinais e prodígios que, se possível fora, enganariam até os escolhidos"*.

Marcos 13.22: *"Porque se levantarão falsos cristos, e falsos profetas, e farão sinais e prodígios, para enganarem, se for possível, até os escolhidos"*.

Lucas 6.26: *"Ai de vós quando todos os homens de vós disserem bem, porque assim faziam seus pais aos falsos profetas"*.

2 Pedro 2.1: *"E também houve entre o povo falsos profetas, como entre vós haverá também falsos doutores, que introduzirão encobertamente heresias de perdição, e negarão o Senhor que os resgatou, trazendo sobre si mesmos repentina perdição"*.

1 João 4.1: *"Amados, não creiais a todo o espírito, mas provai se os espíritos são de Deus, porque já muitos falsos profetas se têm levantado no mundo"*.

Outro indício que encontramos de que os profetas do Novo Testamento não falavam com autoridade equivalente as palavras das Escrituras, encontramos nos textos de 1 Tessalonicenses 5.19-21: *"Não extingais o Espírito. Não desprezeis as profecias. Examinai tudo. Retende o bem"*

Paulo nesses versículos nos adverte a não extinguir o Espírito; eu entendo com isso que ele quis dizer que não devemos ignorar, não resistir à sua influência aos dons que o Espírito Santo nos dá e até mesmo que não devemos extinguir o Espírito Santo com pecados cometidos após nosso nascimento em Cristo Jesus.

Nos versículos 20,21 Paulo diz aos tessalonicenses para não desprezar as profecias e examinar tudo, julgar todas as coisas e reter apenas o que é bom. Se os tessalonicenses pensassem que a profecia equivalia à Palavra de Deus em autoridade, como hoje pretendemos que seja, eu tenho absoluta certeza que o apóstolo Paulo de forma alguma exortaria os tessalonicenses a julgar e reter apenas o que é bom.

Lembrando que o critério do julgamento deve estar sempre em acordo com a Palavra de Deus, nunca por ventos de doutrinas ou "achismo". A Palavra de Deus deve sempre ser soberana nos julgamentos.

Quando Paulo diz para julgar todas as coisas, isso deve ainda, incluir pelo menos as profecias mencionadas na frase anterior. Ele dá a entender que as profecias apresentadas, continham alguns elementos bons e outros nem tanto, pois ele os incentiva a reter "o que é bom".

É interessante, mas preciso citar aqui também que vejo hoje igrejas querendo ser santa e irrepreensível, rejeitarem ensinos e também não incentivarem seus membros a confrontar a Bíblia com a história. Esses se esquecem de que a própria Bíblia apesar de ser inspirada por Deus é a própria história e que ela tem ajudado a humanidade em várias áreas, inclusive a arqueologia e nas áreas humanas.

Outro indício de que os profetas do Novo Testamento não falavam com autoridade as palavras das Escrituras, está em 1 Coríntios 14.29-31:

"E falem dois ou três profetas, e os outros julguem. Mas, se a outro, que estiver assentado, for revelada alguma coisa, cale-se o primeiro. Porque todos podereis profetizar, uns depois dos outros; para que todos aprendam, e todos sejam consolados.

[...] *Se alguém cuida ser profeta, ou espiritual, reconheça que as coisas que vos escrevo são mandamentos do Senhor"*.

Quando Paulo escreveu: *"E falem dois ou três profetas, e os outros julguem"* (1 Co 14.29), ele deixa claro que devemos entender que por mais benéfico que seja profetizar, devemos julgar a profecia e não aceitá-la sem qualquer questionamento; ou seja, devemos aprender separar a boa profecia que traz edificação para a igreja, da má profecia (aquelas que eu intitulo, profetadas). Devemos julgar sob o critério bíblico, aceitando algumas e rejeitando o restante, pois isso é que fica subentendo com Paulo utilizou a palavra "julguem".

Se a profecia tivesse a autoridade divina absoluta, seria pecado fazer isso, mas aqui Paulo ensina que a profecia neotestamentária não tinha a mesma autoridade das palavras do próprio Deus. Como citei anteriormente alguém pode pensar que sou radical – costumo brincar, xiita ou kamikaze – o que pensar então de Paulo?

As instruções de Paulo são totalmente diferentes das de um documento cristão primitivo conhecido como o Didaquê que afirma várias coisas contrárias à doutrina do Novo Testamento. No capítulo 11.7 está escrito: "E não submetais à prova nem julgueis a todo profeta que fala em espírito, porque todo pecado será perdoado, mas este pecado não se perdoará"

Após esse ensino contrário às Escrituras, é apresentado algumas instruções de grande interesse: "Aliás, nem todo o que fala em espírito é profeta, mas somente o que tenha os modos do Senhor. Assim, por seu procedimento será distinguido o falso profeta e o verdadeiro profeta. E todo profeta que ordena em espírito por uma refeição, não comerá dela, pois do contrário é falso profeta. Todo profeta que ensina a verdade, se não pratica o que ensina, é falso profeta" (SALVADOR, 1980, pág. 78-79).

Em 1 Coríntios 14.30,31 Paulo ensina que um profeta pode interromper o outro: *"Mas, se a outro, que estiver assentado, for revelada alguma coisa, cale-se o primeiro. Porque todos podereis profetizar, uns depois dos outros"*.

Esse caso é bem evidente e de novo enfatizamos que se os profetas estivessem falando as palavras do próprio Deus, iguais em valor às Escrituras, por que seria permitido interromper, sem lhes permitir completar a mensagem?

Mas é o que Paulo ordena aqui e não há o que questionar. Paulo finaliza sentenciando: *"Se alguém cuida ser profeta, ou espiritual, reconheça que as coisas que vos escrevo são mandamentos do Senhor"* (versículo 37).

Para estabelecer sua autoridade de ensino, Paulo declara que ele ensina os mandamentos do Senhor, ou seja, não são opiniões pessoais e muito menos uma opção a ser seguida, é mandamento de Deus.

Como falar da autoridade da profecia hoje

> Os que hoje detém o dom profético, não mais possuem a autoridade e as prerrogativas dos tempos bíblicos. Nesta dispensação, o dom profético têm como função edificar, consolar e exortar o povo de Deus; jamais modificar artigos de fé, alterar doutrinas ou trazer novas revelações (1 Co 14.26-40; Ap 22.18,19). (ANDRADE, 2010, pág. 305)

É óbvio que sem a Palavra de Deus não há revelação, pois, naqueles dias a igreja primitiva não possuía uma Bíblia completa como a que temos hoje. Por este motivo, o Espírito Santo concedia o dom de profecia a alguns membros da igreja em grande poder.

Hoje, temos a revelação completa da Palavra de Deus e os dons de profecia que eram exibidos naqueles tempos, não são tão necessários como almejam diversos pastores e creio que por este motivo, o ministério profético deve ser restrito apenas a edificação, consolação e exortação da igreja.

Efésios 2.20 está escrito: *"Edificados sobre o fundamento dos apóstolos e dos profetas, de que Jesus Cristo é a principal pedra da esquina"*, isto ao meu ver quer dizer que os apóstolos e profetas tiveram e realizaram seu papel nos fundamentos da igreja.

> Por mais importantes que eles fossem, não foram eles pessoalmente, mas a revelação divina por eles ensinada, pois falavam com autoridade, a respeito da Palavra de Deus para a igreja antes do término do NT, que fornece o fundamento (Bíblia de Estudo Macarthur, nota marginal, pág. 1602).

"As profecias na igreja nos dias hoje devem ser consideradas palavras meramente humanas, não palavras de Deus, e não equivalentes às palavras de Deus em autoridade" escreveu Grudem (pág. 897). Lembrando que elas não podem ser equivalentes às palavras de Deus em autoridade como aqueles que a proferem quer que seja.

> Ainda que alguns falem da profecia como "palavra de Deus" para hoje, há testemunho quase uniforme de todos os setores do movimento carismático de que a profecia é imperfeita e impura, contendo elementos a que não se deve obedecer ou que não se deve crer (GRUDEM, 1999, pág. 897).

Será que essa conclusão está em conflito com o ensino nas igrejas atualmente? Penso que está em conflito com **boa parte da prática** pentecostal e neopentecostal, mas não com **parte do ensino** dessas denominações.

O problema é que nos dias de hoje, em meu ponto de vista, é que essas pessoas utilizam o prefácio que os profetas do Antigo Testamento usavam: "Assim diz o Senhor", por exemplo.

Já vimos que essa frase jamais era dita por qualquer dos profetas nas igrejas do Novo Testamento. Ao dizerem isso, tem a impressão de que as palavras a seguir são as palavras do próprio Deus e o Novo Testamento não justifica tal posição.

Se alguém realmente pensa que Deus está trazendo à sua mente algo que deve ser relatado à igreja, porque então não dizem: "penso que Deus colocou em minha mente" ou "creio que Deus está me revelando isso?".

Sei que se as pessoas usarem essas duas falas sugeridas, não causará o efeito que elas intimamente desejam, pois alguém poderia interpretar como se a própria pessoa tivesse dúvida o que Deus estava revelando, e também, é evidente que estas palavras não soam tão bonito como "Assim diz o Senhor".

Se a mensagem vem realmente de Deus, o Espírito Santo impactará o coração dos que ouvem. Por esse motivo, não devemos tentar impressionar ou dar pseudopoder de autoridade a uma mensagem. A autoridade da mensagem é dada por Deus, não por palavras que prefaciamos.

"Se, porém, vier revelação a outrem que esteja assentado, cale-se o primeiro. Porque todos podeis profetizar, um após o outro, para todos aprenderem e serem consolados" (1 Co 14.30,31).

Nesses versículos, Paulo indica que Deus pode espontaneamente colocar em nossas mentes pensamentos, de modo que todos podem profetizar, conforme diz as Escrituras e, isso, nada mais é do que revelação.

Um exemplo bem bobo que não implica autoridade divina, mas pensamento ou revelação acontece quando estamos fazendo qualquer coisa, de repente nos lembramos de alguém que não pensamos a tempos e, sentimos vontade de orar por ela.

Tempos depois, descobrimos que aquela pessoa realmente precisava de oração naquele exato momento.

O interessante é que quando sentimos esse desejo, sabemos não se tratar de um desejo como outro qualquer, é um desejo profundo e só passa após três situações: a primeira é quando fazemos a oração para essa pessoa; a segunda é quando já é tarde demais para essa pessoa e a última é quando o Espírito Santo procura outro intercessor porque não cumprimos o nosso papel de orar uns pelos outros (Tg 5.16b).

Isto a meu ver, quer dizer que essa pessoa realmente naquele momento precisava de nossas orações e o Espírito Santo nos falou ao coração e devemos estar sensíveis a Ele para atendê-lo sempre.

Precisamos observar e distinguir que se uma revelação por mais sobrenatural que possa nos parecer, mesmo que venha recheada de detalhes e sejam exatas, não garante que uma mensagem seja verdadeira profecia de Deus, pois sabemos pelas Escrituras que falsos profetas pode profetizar sob influência demoníaca.

João avisa: *"Amados, não creiais a todo o espírito, mas provai se os espíritos são de Deus, porque já muitos falsos profetas se têm levantado no mundo"* (1 Jo 4.1).

Filhinhos, sois de Deus, e já os tendes vencido; porque maior é o que está em vós do que o que está no mundo. Do mundo são, por isso falam do mundo, e o mundo os ouve. Nós somos de Deus; aquele que conhece a Deus ouve-nos; aquele que não é de Deus não nos ouve. Nisto conhecemos nós o espírito da verdade e o espírito do erro (1 Jo 4.4-6).

Os versículos de 4 a 6 nos alerta que devemos discernir e conhecer a Deus para que não sejamos enganados. Outras características dos falsos profetas encontra-se em 2 Pe 2.1; Mt 7.15-20; 24.24.

No Antigo Testamento certamente havia falsos profetas, a Bíblia identifica alguns quando relata que eles profetizavam apenas o que o rei queria ouvir. A situação não mudou muito, pois há também falsos profetas no nosso meio.

Além de eles trazerem apenas palavras que gostaríamos de ouvir, eles minimizam a pessoa de Cristo e glorificam a si mesmos e por vezes, outras pessoas.

Quando Jesus fala sobre as árvores más, ele estava referindo-se aos que ensinam falsas doutrinas. Assim, devemos estar atentos e pedir a Deus para nos mostrar o que está atrás das palavras que se apresentam como profecia na igreja hoje.

Devemos procurar com zelo a profecia?

Sabemos que o apóstolo Paulo era zeloso pela Palavra de Deus e valorizava a ortodoxia dos ensinos bíblicos. Devido a função de edificar a igreja, esse apóstolo valorizava o dom de profecia, tendo em vista que o dom de línguas não cumpria esse papel, assim, chegou a registrar isso em 1 Coríntios 14.1 que devemos seguir o amor e procurar *"com zelo os dons espirituais, mas principalmente o de profetizar"*.

Zelo, segundo definição é "afeição ou dedicação, cuidado, desvelo ardente, por alguém ou por algo" e apenas três versículos após, ele diz: *"o que profetiza edifica a igreja"* (1 Co 14.4). Ao final, ainda falando sobre dons espirituais, ele reafirma: *"Portanto, meus irmãos, procurai com zelo profetizar"* (1 Co 14.39a).

> As palavras introdutórias de Paulo resumem toda a sua posição nesta matéria. A primeira coisa é seguir o amor, como esteve acentuando em todo o capítulo anterior. Segui, diokete, contém a ideia de ir após com persistência; "indica uma ação que não termina nunca" (Grosheide). É direito procurar (a expressão é a mesma de 12.31 – procurai com zelo) os dons espirituais. Mas, entre estes dons, Paulo dá o primeiro lugar à profecia. Denota algo um tanto parecido com a nossa pregação, mas não é idêntica a ela. Não é a transmissão de um sermão preparado cuidadosamente, mas a elocução de palavras diretamente inspiradas por Deus (MORRIS, 2008, pág. 153).

Quando o apóstolo Paulo escreveu esses versículos, ele queria enfatizar a edificação da igreja, a verdadeira pregação. Parece que Paulo desejava que o dom de profecia fosse exercido naquela cidade.

Lembrando que "a igreja em Corinto tinha mais dons do que qualquer outra que Paulo fundou... Havia dons de operar milagres, dons de curar, de auxiliar, de expulsar os espíritos maus, de línguas e sua interpretação, e de profecias" (MACDANIEL, 1989, pág. 123). Como se pode constatar, aquela igreja sofria de imaturidade, egoísmo, divisões e outros problemas, o que não é muito diferente das igrejas de hoje.

Nós cristãos nos orgulhamos de seguir os ensinos bíblicos e dizer que cremos em tudo que está escrito na Bíblia. Só que a teoria, nesse caso desmente a prática, pois se isso fosse verdade, todos nós cristãos seguiríamos todas as orientações das Escrituras.

Devido à banalização desse dom, levado por falsos profetas que se encontram dentro de algumas igrejas, dando as suas profetadas, apresentando suas visagens e revelamentos, será que atualmente o Espírito Santo ainda deseja que busquemos esse dom?

Sabe de quem é a culpa disso tudo? De todos nós cristãos que além de permitir que isso ocorra, também não cobramos o cumprimento dessas profetadas e não desmascaramos esses pseudoprofetas.

Finalizando, transcrevo o versículo 40 de 1 Co 14: *"Tudo, porém, seja feito com decência e ordem"*, citando ainda Morris: "o capítulo termina com um princípio notável. O culto público é muito importante. Tudo nele deve ser feito de maneira tão decente quanto possível, e com a devida consideração pela ordem. A falta de decoro e a inovação indevida são igualmente desencorajadas" (MORRIS, 2008, pág. 163).

Dom de ensino

Ensino é a "transmissão de conhecimentos, informações ou esclarecimentos úteis ou indispensáveis à educação ou a um fim determinado; instrução" conforme definição do Dicionário Aurélio.

O dom de ensino no contexto bíblico pode ser definido como a capacidade que determinada pessoa possui em explicar, interpretar as Sagradas Escrituras e aplicá-la à vida das pessoas. Esse dom é mais evidente em algumas passagens bíblicas, mas principalmente na vida de Paulo.

Por exemplo, Lucas ao escrever o livro de Atos relata que Paulo e Barnabé encontravam-se em Antioquia *"ensinando e pregando, com muitos outros, a palavra do Senhor"* (15.35). Vemos também que esse mesmo apóstolo quando em Corinto, *"ficou ali um ano e seis meses, ensinando entre eles a palavra de Deus"* (At 18.11).

Lembrando que essa foi a terceira maior estada de Paulo em uma cidade para ensinar. A primeira é a cidade de Éfeso que teve sua permanência durante 03 anos (At 20.31), e segunda mais longa estada foi Roma, 02 anos (At 28.30) e agora um ano e seis meses (At 18.11).

Gostaria de salientar que o dom de ensino não é apenas para algumas poucas pessoas, mas todo o cristão tem esse potencial. O cristão possui esse dom, mas infelizmente, poucos adquiriram os conhecimentos básicos para poder passá-los a outras pessoas e não procuram conhecer um pouco mais o conteúdo doutrinário das Escrituras.

Nesse ponto, nós cristãos perdemos para os judeus que desde a tenra idade são ensinados na Lei. Para se ter uma ideia do que estou mencionando, recorro aos ensinos de Edson Lopes:

> A educação hebraica estava focada na família, pois, num primeiro momento, ao havia escolas, e as crianças recebiam dos pais a instrução moral e religiosa. Durante os primeiros anos, a mãe era a única a cuidar da criança, mas, aos quatro anos, a situação mudava conforme o sexo: a menina continuava com a mãe, e o menino passava para os cuidados do pai (LOPES, 2010, pág. 40).

Gower falando sobre a educação judaica, informa que "a partir dos três anos de idade, os meninos aprendiam a lei com o pai, e os pais ficavam também responsáveis por ensinar um ofício aos filhos" (GOWER, 1987, PÁG. 79).

Apesar de um autor citar 04 anos e outro 03, devemos perceber que para nossos padrões é ainda muito cedo, principalmente que "o método de ensino mais usado para a educação era o da memorização" (COLEMAN, 1991, pág. 131).

Paulo escrevendo a Timóteo puxa nossas orelhas quando escreveu: *"toda a Escritura é inspirada por Deus, e útil para o ensino, para a repreensão, para a correção, para a educação na justiça"* (2 Tm 3.16).

No entanto, os que fazem uso desse dom, não deve se vangloriar, pois o autor do livro de Hebreus nos mostra que embora houvesse mestres entre eles, Paulo os considerava imaturos e ainda precisavam que o apóstolo lhes ensinasse novamente, pois não haviam compreendido corretamente as verdades transmitidas por ele.

"Porque, devendo já ser mestres pelo tempo, ainda necessitais de que se vos torne a ensinar quais sejam os primeiros rudimentos das palavras de Deus; e vos haveis feito tais que necessitais de leite, e não de sólido mantimento" (Hb 5.12).

A Bíblia de Estudo Dake apresenta um interessante comentário que nos dá uma ideia mais clara sobre esse versículo:

> Alimentar-se de leite é uma metáfora usada por muitos escritores, tanto sacros como profanos para expressar os princípios básicos da religião e ciência. Eles relacionavam o tomar ao aprendizado, o bebê a todo o principiante e carne para aqueles que já tinham aprendido os princípios da verdade... (nota marginal ao versículo)

Aos tessalonicenses, Paulo disse: *"Então, irmãos, estai firmes e retende as tradições que vos foram ensinadas, seja por palavra, seja por epístola nossa"* (2 Ts 2.15).

> Paulo usou o vocabulário de "tradição" como os rabinos comumente faziam: para identificar o conjunto de ensinos como eles transmitiam aos seus alunos. A fé cristã é construída com base nas tradições ou ensinamentos de Cristo e de seus apóstolos (1 Co 11.2; 15.1ss; Ef 2.20).
> Essa terminologia não apoia a ideia de que a tradição da igreja está no mesmo nível que as Escrituras. Paulo transmitiu tradições práticas e doutrinárias dignas de crédito, tanto oralmente como por meio de epístolas (Rm 6.17; 1 Co 11.2,23; 15.3; 2 Tm 1.13), mas somente suas palavras escritas foram preservadas para nós nas Escrituras. Alegações modernas de que alguns ainda possuem a tradição oral de Paulo que seja digna de crédito são frágeis e não comprovadas (Bíblia de Estudo de Genebra, nota marginal).

De certo ponto de vista, ensinar contra as instruções de Paulo era o mesmo que ensinar uma doutrina diferente ou herética e deixar ouvir as palavras de Jesus Cristo.

> Assim, o ensino, de acordo com as epístolas do Novo Testamento, consistia em repetir e explicar as palavras das Escrituras (ou dos ensinos igualmente

autorizados de Jesus e dos apóstolos) e aplicá-las aos ouvintes. Nas epístolas do Novo Testamento, o "ensino" está muito próximo do que hoje é descrito por nossa expressão "estudo bíblico" (GRUDEM, 1999, pág. 903).

Palavra de sabedoria e de conhecimento

Está escrito: *"Porque a um pelo Espírito é dada a palavra da sabedoria; e a outro, pelo mesmo Espírito, a palavra da ciência"* (1 Co 12.8). Antes de fazermos qualquer comentário sobre o assunto, é necessário sabermos que esses dois dons denominado "palavra da sabedoria" ou "palavra do conhecimento" são exclusivamente bíblicos e que além da Bíblia, não há qualquer paralelo na literatura que designe esses dons sejam algum tipo de dom espiritual, conforme nos ensina Grudem (pág. 917).

Em outras palavras, isso implica dizer que a Bíblia é a única fonte de informação que temos sobre esses dons e consequentemente, isso também quer dizer que nossas conclusões sobre o assunto possa não estar totalmente correta, apesar dos comentários, dicionários, livros e Bíblias de Estudo consultados.

Devemos nos atentar sobre essas duas palavras apesar de serem parecidas, tem sentidos diferentes. Pela definição do dicionário lemos que sabedoria é: "Grande conhecimento; erudição, saber, ciência; qualidade de sábio; prudência, moderação, temperança, sensatez, reflexão; conhecimento justo das coisas; razão" no sentido religioso: "conhecimento inspirado nas coisas divinas e humanas" (Dicionário Eletrônico Aurélio).

Conhecimento: "Ato ou efeito de conhecer; ideia, noção; informação, notícia, ciência; prática da vida; experiência; discernimento, critério, apreciação; consciência de si mesmo; acordo" de acordo com esse mesmo dicionário.

Apesar da definição apresentada, tenho comigo que conhecimento é informações e experiências que aprendemos e/ou adquirimos nas escolas e durante a vida. Já sabedoria é o modo pratico como utilizamos esses conhecimentos para tornar nossa vida menos complicada. Lembrando que podemos encontrar pessoas com muito conhecimento e nenhuma sabedoria e vice-versa.

MacArthur escrevendo sobre palavra de sabedoria e palavra de conhecimento informa:

> A palavra de sabedoria – Palavra indica um dom da fala [...] No Novo Testamento, sabedoria é usada na maioria das vezes para designar a habilidade de entender a Palavra de Deus e sua vontade, e a hábil aplicação desse entendimento a vida [...]
> A palavra do conhecimento – No século 1º, esse dom deve ter sido o de revelação; entretanto, hoje é a habilidade de compreender e falar a verdade de Deus, com percepção dos mistérios de sua Palavra, os quais não podem ser conhecidos à parte da revelação de Deus [...] O conhecimento concentra-se em

entender o significado da verdade, e a sabedoria enfatiza a convicção e a conduta prática que se aplicam a ela (Bíblia de Estudo MacArthur, pág. 1545-1546).

Grudem[6] afirma que existe duas alternativas para a compreensão desses dons. A primeira é "que esses dons sejam a capacidade de receber uma revelação especial do Espírito Santo, e com base nisso, falar palavras que manifestam sabedoria numa situação ou manifestam conhecimento específico de uma situação na vida de alguém presente numa igreja".

Outra alternativa, seria considerá-las comuns e não miraculosos. Ele escreveu: "palavra da sabedoria simplesmente significa a capacidade de falar uma palavra sábia em várias situações, e palavra do conhecimento é a capacidade de falar com conhecimento acerca de uma situação". Enfatiza em seguida que "em ambos os casos o conhecimento e a sabedoria não seriam baseados numa revelação especial dada espontaneamente pelo Espírito Santo, mas numa sabedoria adquirida no curso normal da vida".

---

[6] GRUDEM, 1999, pág. 917

Dom de discernimento de espírito

Wayne Grudem em sua obra Teologia Sistemática relata sobre o discernimento de espíritos, conforme abaixo:

> O dom de discernir espíritos é outro dom mencionado só uma vez no Novo Testamento (na lista de 1 Co 12.10), mas a natureza desse dom o liga com algumas outras passagens que descrevem a batalha espiritual que ocorre entre cristãos e espíritos demoníacos. Podemos definir da seguinte forma o com de discernir espíritos: Discernimento de espíritos é uma capacidade especial de reconhecer a influência do Espírito Santo ou de espíritos demoníacos numa pessoa.
> Na perspectiva da história da redenção, esse dom também prenuncia a era vindoura no fato de prever a capacidade de reconhecer Satanás e sua influência, capacidade que se tornará perfeita para nós no céu, quando tudo o que estiver encoberto ou oculto será trazido à luz (Mt 10.26; cf. Ap 20.11-15).
> [...] Esse dom neotestamentário de discernimento de espíritos implica a capacidade de discernir entre a presença de espíritos malignos e a obra do Espírito Santo na vida de uma pessoa. Paulo sabe que os coríntios eram antes conduzidos aos ídolos mudos (1 Co 12.2) e João, de maneira semelhante, percebe que há necessidade de os cristãos provarem "os espíritos se procedem de Deus, porque muitos falsos profetas têm saído pelo mundo fora" (1 Jo 4.1).
> Além disso, é também possível que o dom implicasse discernimento entre vários tipos de espíritos malignos, tais como um espírito de enfermidade (Lc 13.11), um espírito de adivinhação (At 16.16), um espírito surdo e mudo (Mc 9.25,29) e espírito do erro (1 Jo 4.6) (GRUDEM, 1999, pág. 920-921).

Grudem nos afirma que esse dom neotestamentário implica na capacidade de discernir espíritos malignos e acrescentando a isso, esse dom também nos capacita perceber a presença de influência demoníaca.

Às vezes, nem é preciso possuir esse dom, basta que conheçamos bem a Palavra de Deus e saberemos que influência demoníaca está se manifestando, pois se torna evidente quando às declarações doutrinárias são falsas e ou distorcidas.

Exemplo se encontram nas seguintes passagens: *"Vós bem sabeis que éreis gentios, levados aos ídolos mudos, conforme éreis guiados. Portanto, vos quero fazer compreender que ninguém que fala pelo Espírito de Deus diz: Jesus é anátema, e ninguém pode dizer que Jesus é o Senhor, senão pelo Espírito Santo"* (1 Co 12.2,3)

"Nisto conhecereis o Espírito de Deus: Todo o espírito que confessa que Jesus Cristo veio em carne é de Deus; e todo o espírito que não confessa que Jesus Cristo veio em carne não é de Deus; mas este é o espírito do anticristo, do qual já ouvistes que há de vir, e eis que já está no mundo" (1 Jo 4.2,3).

Como vemos nas passagens acima citadas, podemos identificar que o espírito que não procede de Deus, pode até falar de Jesus, mas devemos ficar atentos, pois de alguma forma, esse espírito negará de alguma forma a divindade do próprio Cristo.

A Bíblia de Estudo Plenitude orienta:

> O ponto crucial do teste é o reconhecimento ou rejeição de Jesus Cristo pelo espírito como o Filho de Deus encarnado. Uma confissão sobre Jesus envolve mais do que a admissão de sua identidade (ver Mt 8.28-29; Mc 1.24; 3.11); É uma profissão de fé nele e submissão à sua soberania. O Espírito Santo testifica e glorifica Jesus (ver Jo 15.26; 16.14; 1 Co 12.3(. Portanto, uma confissão proclamando a verdade de que Jesuws é o Cristo encarnado de Deus prova tanto sua completa humanidade como nosso Salvador e Redentor quanto sua total divindade coo Senhor e Rei soberano. Por outro lado, uma negação da verdade em relação a Jesus revela que qualquer reivindicação de inspiração divina é falsa e que a verdadeira origem é o espírito do anticristo (nota marginal ao versículo, pág. 1332).

Uma pessoa pode dizer que Jesus é Deus, é Senhor e Salvador; o espírito que também conhece a Palavra pode até dizer isso, mas nunca afirmará o que o verdadeiro cristão afirma: Jesus é meu Deus, meu Senhor e meu Salvador.

Existem ainda outros tipos de manifestações demoníacas que não atuará na esfera da intelectualidade como escrito acima, pode haver manifestações acompanhadas de gestos violentos ou mesmos estranhos. A Bíblia nos traz exemplos disso nos livros de Marcos 1.24-26, 9.20 e Mateus 8.29.

A influência demoníaca normalmente é atribuída a Satanás ou a seus anjos; normalmente esse tipo de manifestação pode vir acompanhado de atos de violência, assim, a pessoa influenciada pode cometer esses atos sobre si, mas também sobre aqueles que se encontram ao seu redor.

Infelizmente conhecemos pessoas que atribuem qualquer fato negativo à influência demoníaca, como se o próprio Satanás e seus anjos fosse o responsável por aquele acontecimento. Digo que não devemos espiritualizar tudo, pois nem tudo que acontece de errado ou de ruim é obra de Satanás. A maioria das vezes o principal responsável é a própria pessoa e querendo minimizar sua culpa, repassa a culpa para Satanás.

De acordo com as Escrituras, sabemos que o inimigo está a volta procurando meios de agir em nossa vida, porém, antes dele agir, nós permitimos ou criamos a brecha dando legalidade para que Satanás se manifestasse. 1 Pe 5.8 está escrito: *"Sede sóbrios; vigiai; porque o diabo, vosso adversário, anda em derredor, bramando como leão, buscando a quem possa tragar".*

Por outro lado, devemos lembrar também da soberania de Deus. Assim como aconteceu com Jó, será que Deus pode também estar permitindo que coisas ruins aconteçam para nos levar a patamares maiores, como aconteceu com Jó?

Por esses motivos, o dom de discernimento de espírito é útil e também importante, pois nos capacitará saber distinguir quando é influência demoníaca, consequências de nossos atos ou permissão de Deus.

J. D. Douglas escreveu:

> O dom de "discernimento de espíritos" (Gr. Diakriseis pneumaton, 1 Co 12.10; cf. 14.29) era complementar do de profecia, e permitia aos ouvintes aquilatar a reivindicação de inspiração profética (1 Co 14.29), para comprovar com exatidão quais afirmações eram de origem divina (1 Ts 5.20s.; 1 Jo 4.1-6), e para distinguir o profeta genuíno do falso (DOUGLAS, 2006, pág. 366).

Na prática, o dom de discernir espírito, ao meu ver, é útil ainda nos dias de hoje, pois como afirmamos anteriormente, podem surgir falsas profecias, falsos ensinamentos, etc. influenciadas por espíritos malignos ou até mesmo quem sabe, da própria ignorância da pessoa sobre o assunto. Como afirmei, não podemos espiritualizar tudo.

É justamente nesse ponto que digo: esse dom é útil à igreja, pois assim nos ajudará a distinguir a verdadeira doutrina da falsa doutrina, da ortodoxia da Palavra com a mera repetição de erros ditos por outros, distinguir a influência demoníaca da obra da carne e assim por diante.

Dom de milagres

> *E a uns pôs Deus na igreja, primeiramente apóstolos, em segundo lugar profetas, em terceiro doutores, depois milagres, depois dons de curar, socorros, governos, variedades de línguas* (1 Co 12.28).

Na lista apresentada por Paulo, depois de apóstolos, profetas e doutores, Paulo relaciona o dom de milagres. "Ainda que muitos dos milagres vistos no Novo Testamento fossem especificamente milagres de cura, Paulo alista a cura como um dom distinto", segundo nos informa Grudem (pág. 903). Partindo desse princípio, é recomendável que também façamos essa mesma distinção.

Devemos perceber que a palavra milagre é genérica e não nos apresenta uma ideia precisa do que Paulo pretendia expressar e diferenciar. O que a palavra milagre significa? Dentre várias definições encontradas, citamos a que achamos ter maior relevância retirada do Dicionário Aurélio:

1. Feito ou ocorrência extraordinária, que não se explica pelas leis da natureza.
2. Acontecimento admirável, espantoso:
3. Portento, prodígio, maravilha:
4. Ocorrência que produz admiração ou surpresa
5. Rel. Qualquer manifestação da presença ativa de Deus na história humana.

A definição de número 1 apresentada pelo Aurélio, acredito que é inadequada, visto que a expressão "leis da natureza", no seu significado popular, implica que as coisas existentes, apresentam a ideia das leis da natureza operarem independente de Deus; e nesse caso, Ele precisa intervir nessas leis para que os milagres aconteçam.

Assim sendo, particularmente sugiro que tal definição seja desconsiderada para nosso estudo, pois não corresponde adequadamente ao ensinamento bíblico a qual nos propomos.

No meio popular, a definição comum de milagre é visto como um evento impossível de explicar por causas naturais. Essa definição torna-se também inadequada, porque nela da mesma maneira, excluímos Deus como aquele que produz o milagre e também supõe que Ele não usa algumas causas naturais ao agir de modo incomum ou surpreendente.

O resultado desse tipo de pensamento é uma significativa minimização dos milagres reais quando Deus age em resposta à oração, mas não absolutamente impossível de explicar por causas naturais, para quem se recusa a enxergar a mão de Deus em ação.

Frequentemente, o milagre indica a ideia do poder de Deus em ação, conforme definição de número 5 e, tem a finalidade de causar admiração ou mesmo assombro nas pessoas (demais definições).

Mas será que podemos considerar como milagres as respostas incomuns às orações? Aparentemente sim, pois existem casos que causam admiração e espanto as pessoas e, fazem com que elas reconheçam o poder de Deus em ação.

Alguns exemplos: a resposta divina à oração de Elias, enviando fogo do céu, foi um milagre que deve ter causado assombro aos 450 profetas de Baal (1 Rs 18.24, 36-38).

Assim também temos como milagre, a resposta às orações de Elias para que o filho morto da viúva voltasse à vida (1 Rs 17.21), para que a chuva parasse e mais tarde voltasse a cair (1 Rs 17.1; 18.41-45). Deixando de citar muitos outros personagens, como no caso do profeta Eliseu ressuscitou o filho da sunamita utilizando o mesmo processo que o profeta Elias utilizou para ressuscitar o filho da viúva.

No Novo Testamento, encontramos exemplos de milagres, tais como a libertação de Pedro da prisão, em atenção às orações da igreja, este é um relato de milagre extraordinário (At 12.5-17).

Com certeza, deve ter havido muitos milagres não tão admiráveis ou maravilhosos quanto esse, pois lemos que o próprio Senhor Jesus curou centenas de pessoas de diferentes moléstias (Lc 4.40). Particularmente, eu considero o milagre da encarnação de Cristo o maior de todos os milagres.

Por outro lado, os cristãos diariamente veem como milagre algumas respostas às suas orações e não devemos cair no engano de pensar que milagre possa ser qualquer resposta a uma oração.

Mas quando uma resposta à oração é tão admirável que as pessoas envolvidas no fato, ficam assombradas e chegam ao ponto de reconhecerem o poder de Deus no ato, então é apropriado considerá-la milagre.

O Dicionário Popular de Teologia define milagre com essas palavras: "ocorrência observável que, mesmo sem desobedecer às leis da natureza, é notável pelo fato de que, se plenamente compreendido, não pode ser explicado pelas leis da natureza" (ERICKSON, 2011, pág. 126).

Os autores do Dicionário Bíblico Wycliffe, assim definem milagre:

> ... É provável que a definição mais simples seja: uma interferência na natureza por um poder sobrenatural (C.S. Lewis, Miracos, p. 15). Uma definição de

Machem também é útil. "Um milagre é um evento no mundo exterior, que é trabalhado pelo poder imediato de Deus" (J. Gresham Mache, The Christian view of man, p. 117).

[...] Um milagre acontece quando Deus dá um passo para fazer algo além do que poderia ser realizado de acordo com as leis da natureza, do modo como a entendemos, e que na verdade pode estar em desacordo com elas e ser até uma violação delas. Além disso, um milagre está além da capacidade intelectual ou científica do homem (PFEIFFER, VOS e REA, 2009, pág. 1267)

Independente de qual definição adotarmos sobre milagre, devemos ao menos concordar com um ponto em comum; se Deus realmente age em atenção às nossas orações, seja qual for o método utilizado, o mais importante é reconhecer isso e dar graças a Ele. Só quem reconhece a soberania de Deus lhe é grato e o louva.

Jamais devemos ignorar esse fato nem "ficar martelando" os acontecimentos em busca de possíveis "causas naturais" para explicar aquilo que Deus de fato fez em resposta à oração.

Um alerta, devemos ter o cuidado de não exagerar no relato de respostas a orações, também precisamos evitar o erro de deixar de glorificar e agradecer a Deus aquilo que Ele fez.

Uma vez que Paulo não define "operadores de milagres" de maneira mais específica, podemos dizer que o dom de milagres pode incluir a atuação do poder divino no livramento do perigo, em intervenções para atender a necessidades específicas no mundo material (como no caso de Elias em 1 Rs 17.1-6), no julgamento contra os que se opõem de maneira irracional e violenta contra a mensagem do evangelho, na vitória contra forças demoníacas que fazem guerra contra a igreja e qualquer outro meio pelo qual o poder de Deus se manifeste de maneira evidente para promover os propósitos divinos numa situação. Todos eles seriam atos de "poder" em que a igreja seria auxiliada e a glória de Deus tornar-se-ia evidente (GRUDEM, 1999, pág. 904).

Aplicação de milagre nos dias de hoje

Habitualmente, o não cristão por vezes emprega a palavra milagre de uma forma bastante flexível. Pode-se contatar isso quando, por exemplo, nos tempos de escola, normalmente há um que aluno que não presta atenção nas matérias, não estuda e "mata" diversas aulas; esse aluno relapso quando "passa direto de ano" costuma dizer que foi um milagre.

Ou ainda, se um carro velho ou como dizemos atualmente, uma lata velha consegue viajar uma longa distância de uma cidade a outra, sem apresentar qualquer tipo de problema, também dizemos: "é um milagre que esta lata velha tenha conseguido chegar até o local desejado".

Assim com esses simplórios exemplos, demonstramos que empregamos a palavra milagre para indicar qualquer coisa fora do comum ou mesmo inesperada mas não querendo dizer necessariamente que a mão de Deus operou tal façanha. O que pode até ter acontecido.

Os milagres conforme registrados na Bíblia é resultado da ação de Deus, que é um conceito inteiramente diferente do senso comum. O uso bíblico indica um ato de Deus no curso de eventos normais, alterando-os ou interrompendo-os.

O cântico de Moisés declara: *"Ó Senhor, quem é como tu entre os deuses? Quem é como tu, glorificado em santidade, terrível em feitos gloriosos, que operas maravilhas?"* (Êx 15.11).

A Bíblia registra vários tipos de milagres, e alguns deles poderiam ter até uma explicação natural. Por exemplo, os sinais miraculosos que Moisés operou quando lançou em terra a sua vara se transformou em serpente e de novo em vara, ou quando a sua mão ficou leprosa e depois novamente sã (Êx 4.2-8), foram concedidos para que Moisés demonstrasse ao povo de Israel que Deus o enviara.

Do mesmo modo, os sinais miraculosos que Deus operou pela mão de Moisés e de Arão, na ocasião das pragas anunciadas com antecedência, superaram em tudo, os falsos milagres ou sinais de imitação realizados pelos mágicos da corte do faraó (Êx 7.12; 8.18,19; 9.11), mostram assim, que o povo de Israel é quem adorava o Deus único e verdadeiro.

Quando Elias se defrontou com os sacerdotes de Baal no Monte Carmelo (1 Rs 18.17-40), o fogo do céu demonstrou que o Senhor era o Deus único e verdadeiro.

O mesmo se pode dizer de muitas curas milagrosas nos dias de hoje. Alguns a tem considerado como uma resposta de oração, no entanto, sabemos que muitas doenças, em vez de ter origem física ou orgânica, surgem na própria mente da pessoa. Nesse caso, a mudança de pensamento pode corrigir por si só a condição física da pessoa. Gostaria de enfatizar que não sou descrente com relação a milagres, apenas gosto de ser bastante prudente nesse assunto.

Consideremos, por exemplo, as curas de leprosos relatados nas Escrituras. É óbvio que não podemos considerar essa doença como uma doença que se desenvolveu apenas na mente da pessoa. Assim, os antigos portadores de hanseníase, experimentaram o poder direto de Deus.

Há, também, os casos claros de curas de doenças da qual a pessoa sofre há muitos anos e às vezes até nasceu com essa doença, como o homem cego de nascença descrito no livro de João 9.

Um erro entre os livres pensadores modernos (da qual eu mesmo me orgulhava de pertencer) gostam de encontrar motivos racionais para tudo, afirmando que as pessoas de antigamente em especial do período bíblico eram imensamente ignorantes, ingênuas, supersticiosas e facilmente manipuláveis.

Concordo até certo ponto com esses pensadores, pois há muitas coisas que foram consideradas como miraculosas naqueles tempos. Nós atualmente, com o benefício da ciência moderna e da educação adquirida, reconhecemos alguns desses fenômenos como naturais. As pessoas daquele tempo, não entendiam o processo e por isso a consideravam milagrosa, o que difere de nosso entendimento hoje em dia.

O "calcanhar de Aquiles" desse raciocínio é que muitos dos milagres relatados não são deste tipo, se observarmos mais atentamente. No caso do homem cego, o povo reconheceu que desde começo da história, nunca se tinha ouvido falar de um cego de nascença que tivesse recebido sua vista. Não existe ainda hoje qualquer explicação mais natural desse relato sem ser considerado milagre.

Mesmo assim, é importante ressaltar que os milagres não entram em conflito com as leis naturais, pois esses são acontecimentos incomuns causados por Deus.

As leis da natureza geralmente são acontecimentos comuns causados por Deus e os milagres não são contrários à natureza, mas contrários ao que sabemos sobre a natureza.

Os milagres bíblicos

Os milagres bíblicos, em meu modo de pensar e também de muitos estudiosos do assunto é que já cessaram, pois eles tinham dois objetivos principais. O primeiro deles é mostrar o único e verdadeiro Deus, criador dos céus e da terra, que está acima de todas as coisas e tudo e o segundo objetivo é apontar para Jesus Cristo e seu sacrifício vicário por toda a humanidade.

O que estou tentando lhes dizer é que os milagres mirabolantes bíblicos cessaram, mas isso não quer dizer que os milagres em si cessaram; esses ainda existem e muito mais do que possamos imaginar. Se isso não fosse verdade, hoje encontraríamos as igrejas vazias e muitos não teriam transformados suas vidas com a verdade do Evangelho.

Há, porém, uma diferença que devemos chamar a atenção com relação aos milagres relatados na Bíblia. Em contraste com as histórias de milagres descritas na literatura pagã, os milagres bíblicos nunca são descritos como sobrenatural.

Contudo, esses milagres extrabíblicos, quando relatados foge inteiramente à razão e ou ao bom senso, talvez seja esse o motivo pela qual eles não são numerosos e muito menos, pode-se dar crédito. Nesse assunto, vemos a confiabilidade da Bíblia e de seus relatos.

Diferentemente dos relatos apresentados pela Bíblia, esses também não apresentam um motivo ou sem razão de ser. Os milagres bíblicos sempre tiveram um objetivo ou propósito e não são distribuídos indiscriminadamente. Podemos dizer que os milagres bíblicos, acham-se concentrados em três períodos da história do povo judeu:

- ✓ O êxodo;
- ✓ O período dos profetas que guiavam Israel; e
- ✓ A época de Cristo e da igreja primitiva.

Os milagres também tinham o propósito de criar, reforçar e desenvolver a fé através da pessoa que Deus utilizava para realizá-los, bem como a mensagem para demonstrar o amor de Deus pelo seu povo, trazendo assim, alívio durante o sofrimento.

Todos os milagres, nunca foram operados como entretenimento, como os mágicos que encenam seus truques, para obter prestígio pessoal ou mesmo dinheiro ou causar admiração à plateia.

Propósitos dos milagres

Basicamente e não pretendendo fechar aqui ou mesmo enumerar, criando uma extensa lista sobre os propósitos do milagre, ao qual perderia sua utilidade no aprendizado proposto, assim limitaremos o número de propósitos, descrevendo os mais relevantes.

Um dos propósitos dos milagres como citado anteriormente, é certamente autenticar a mensagem do Evangelho. Creio que com relação a isto não deve ter ficado alguma sombra de dúvida e como prova do que dissemos, podemos citar como evidência, o ministério terreno de Jesus Cristo.

Encontramos relato nas páginas da Bíblia que pessoas ao ouvirem a pregação de Jesus, proclamavam que ele pregava com autoridade, diferente de tudo que eles conheciam até o momento e se admiravam pelos sinais, milagres que seguiam sua pregação.

"Como escaparemos nós, se não atentarmos para uma tão grande salvação, a qual, começando a ser anunciada pelo Senhor, foi-nos depois confirmada pelos que a ouviram; testificando também Deus com eles, por sinais, e milagres, e várias maravilhas e dons do Espírito Santo, distribuídos por sua vontade?" (Hb 2.3,4).

Pfeiffer, Voz e Rea afirmam que "os milagres não estão espalhados em uma confusão geral ao longo da Bíblia Sagrada" e que eles estão "caracterizados em quatro períodos da história Bíblia", conforme abaixo:

> Os dias de Moisés e Josué, Elias e Eliseu, de Daniel da igreja primitiva, e do Senhor e Salvador Jesus Cristo e da igreja primitiva. Em cada caso, os milagres serviram para dar crédito à mensagem e ao mensageiro de Deus, em ligações importantes no desenvolvimento da tradição judaico-cristã. Eles também preservaram a verdade de Deus da extinção (PFEIFFER, VOZ e REA, 2009, pág 1267).

Esses autores justificam esses períodos dizendo que devido Moisés ser "um estranho ao seu povo", ele "precisava de alguns meios para demonstrar que havia sido enviado por Deus para guiá-los, tirando-os da escravidão".

Para os profetas Elias e Eliseu, esse período está caracterizado pela "época em que a adoração ao bezerro e a Baal ameaçavam exterminar a fé no Deus verdadeiro".

No período do exílio babilônico, serviu para demonstrar que o Deus de Daniel "era um Deus local capaz de proteger seus adoradores" que o Deus hebreu é o único verdadeiro Deus universal em seu poder que honra "o testemunho dos seus servos fiéis" mostrando "que a imagem de Nabucodonozor não era nada quando comparada ao seu poder".

> Durante o ministério terreno de Jesus, Ele usou os milagres para demonstrar a sua divindade, para provar que era o Enviado de Deus, para sustentar o seu Messianato, para ministrar com compaixão às multidões necessitadas, para guiar seus seguidores à fé salvadora, para evidenciar um renascimento espiritual interior e como uma auxílio na instrução e preparação de seus discípulos para o ministério que eles estavam prestes a desempenhar (PFEIFFER, VOZ e REA, 2009, pág. 1267-1268).

Como afirmei anteriormente, os milagres mirabolantes dos tempos bíblicos cessaram, porém, devemos refletir e decidir se o propósito inicial dos milagres bíblicos valeu apenas naqueles tempos e se ainda tem a mesma validade. Esta é uma questão delicada, pois sempre foi questionado se a igreja nos dias atuais pode possuir o mesmo poder de realizar milagres como naqueles tempos da igreja primitiva.

Em resposta, expressando aqui minha opinião pessoal, acredito que não, pois naqueles tempos, o Evangelho era pregado pelos apóstolos diretos de Cristo e as Escrituras neotestamentárias ainda não haviam sido escritas. Salientando que Deus é onipotente e oniciente, caso fosse desejo dele assim desejar, Ele o faria e capacitaria algumas pessoas com esse dom específico.

Também gostaria de expressar mais uma opinião para não ser mal interpretado. É claro que creio em milagres e podemos testemunhar dentro de nossas igrejas, Deus operando maravilhas, mas também devemos nos cuidar, pois existem falsos milagres também em nossas igrejas.

> ... Precisamos verificar o que julgamos que os milagres confirmam: será que confirmam somente a absoluta veracidade das palavras das Escrituras (como palavras do próprio Deus), ou será que os milagres ocorrem para confirmar a veracidade do evangelho em geral, sempre que é pregado? Em outras palavras, os milagres confirmam as Escrituras ou o evangelho? [...] os milagres não se limitavam àqueles que escreveram a Bíblia ou falaram com absoluta autoridade apostólica. Isso implica que se pode esperar que os milagres operados para confirmar o evangelho continuem por toda a era da igreja (GRUDEM, 1999, pág. 290).

Depois dessa argumentação de Grudem, acrescentamos que quando ocorrem milagres, eles evidenciam que Deus está verdadeiramente em ação e favorecem a propagação do evangelho, auxiliar nos ministérios das pessoas, pregar o reino de Deus, bem como ajudar aos necessitados.

Um relato que confirma que o propósito dos milagres era para ajudar os necessitados pode ser visto quando Jesus vendo uma grande multidão compadeceu-se dela e curou os seus enfermos (Mt 14.14). Aqui os milagres dão prova da compaixão de Cristo pelos necessitados.

Quando Deus teve misericórdia e restaura a saúde de Epafrodito, ele pôde servir a Paulo e concluir a sua missão de mensageiro, voltando à igreja filipense (Fp 2.25-30).

Por fim deixei por último aquele que creio que deveria ser o primeiro da lista. O propósito dos milagres é glorificar a Deus. Depois de ter Jesus curado um paralítico, as multidões, *"possuídas de temor, glorificaram a Deus, que dera tal autoridade aos homens"* (Mt 9.8). Do mesmo modo, Jesus diz que o cego de nascença está cego *"para que se manifestem nele as obras de Deus"* (Jo 9.3).

Devemos buscar milagres hoje?

Vimos que nos dias de hoje, ainda acontecem milagres, porém, uma coisa é afirmar que os milagres acontecem, outra coisa é pedir para Deus que Ele realize milagres em nossas vidas. Será correto pedir a Deus milagres, ou será isso uma demonstração de falta de confiança nos sábios desígnios divinos?

Em meu ponto de vista, não creio que seja demonstração de confiança nos desígnios divinos, nem falta de fé. Para mim, o mais importante é o motivo pelo qual estamos buscando esses milagres.

Sabemos que não é correto buscar operação de milagres com o intuito de se autopromover. Existe uma passagem nas Escrituras que demonstra quão errado esse tipo de busca é errado.

"*Vendo, porém, Simão que, pelo fato de imporem os apóstolos as mãos, era concedido o Espírito [Santo], ofereceu-lhes dinheiro, propondo: Concedei-me também a mim este poder, para que aquele sobre quem eu impuser as mãos receba o Espírito Santo. Pedro, porém, lhe respondeu: O teu dinheiro seja contigo para perdição, pois julgaste adquirir, por meio dele, o dom de Deus. Não tens parte nem sorte neste ministério, porque o teu coração não é reto diante de Deus. Arrepende-te, pis, da tua maldade e roga ao Senhor; talvez te seja perdoado o intento do coração, pois vejo que estás em fel de amargura e laço de iniquidade*" (At 8.18-23).

Também vemos que é errado buscar milagres por mera diversão ou curiosidade como fez Herodes "*Herodes, vendo a Jesus, sobremaneira se alegrou, pois havia muito queria vê-lo, por ter ouvido falar a seu respeito; esperava também vê-lo fazer algum sinal*" (Lc 23.8), no entanto, Jesus nem sequer respondeu às perguntas de Herodes (v. 9).

É ainda errado quando pessoas descrentes ou céticos busque milagres simplesmente a fim de encontrar motivos para criticar os que pregam o evangelho. Para esse caso, também existe um equivalente bíblico:

"*E, chegando-se os fariseus e os saduceus, para o tentarem, pediram-lhe que lhes mostrasse algum sinal do céu [...] Uma geração má e adúltera pede um sinal, e nenhum sinal lhe será dado, senão o sinal do profeta Jonas. E, deixando-os, retirou-se*" (Mt 16.1,4).

Essa repreensão contra a busca de sinais se repete em outras partes dos Evangelhos. É importante destacar que no contexto, essas censuras são dirigidas aos descrentes que procuravam o milagre com o objetivo de criticar Jesus. No entanto, vemos que Jesus jamais repreendeu alguém que se aproxime dele com fé ou por necessidade, buscando cura e ou libertação.

Nos evangelhos é descrito que muitos se aproximavam de Jesus em busca de milagres e não devido à sua palavra, porém, mesmo assim ele os curava. Além disso, quando Jesus enviou seus discípulos para pregar que o reino do céu estava próximo, disse-lhes: *"Curai enfermos, ressuscitai mortos, purificai leprosos, expeli demônios"* (Mt 10.7,8).

Depois do Pentecostes, a igreja primitiva orou pedindo coragem para pregar o evangelho e que Deus lhes concedesse milagres que acompanhassem a pregação:

> *Agora, pois, ó Senhor, olha para as suas ameaças, e concede aos teus servos que falem com toda a ousadia a tua palavra; enquanto estendes a tua mão para curar, e para que se façam sinais e prodígios pelo nome de teu santo Filho Jesus* (At 4.29,30).

Longe de ensinar que não devemos pedir milagres a Deus, esse exemplo da igreja primitiva nos incentiva a fazê-lo. Igualmente, os discípulos de Lida mandaram chamar Pedro para que este fosse até eles e orasse por Tabita, que estava morta, buscando assim uma intervenção miraculosa de Deus (At 9.38).

Não devemos correr o risco de errar e supor que uma resposta miraculosa à oração seja melhor do que outra que venha por meios comuns (como ocorre com o tratamento médico da doença).

É importante percebermos que pedir a Deus auxílio diante de uma necessidade qualquer, não garante que a oração será atendida, pois Deus pode nos responder com um "não", "espere", como pode ser com um "sim".

Dom de cura

Antes de falarmos especificamente sobre cura, precisamos compreender que segundo as Escrituras com a queda do homem no jardim do Éden, através de Adão, todos somos pecadores; e em decorrência do pecado, as doenças de um modo geral, passaram a fazer parte de nossa humanidade.

Deus é o Criador de todas as coisas e naturalmente, sabe todas as coisas, assim vemos que logo após a queda do primeiro casal, Ele nos apresentou aquele que redimiria todo o pecado da humanidade através de um único sacrifício.

No decorrer da história da humanidade começamos a ter a esperança no enviado de Deus que se manifestou em Jesus Cristo e nos redimiu dessa maldição quando morreu na cruz:

> *Verdadeiramente ele tomou sobre si as nossas enfermidades, e as nossas dores levou sobre si; e nós o reputávamos por aflito, ferido de Deus, e oprimido. Mas ele foi ferido por causa das nossas transgressões, e moído por causa das nossas iniquidades; o castigo que nos traz a paz estava sobre ele, e pelas suas pisaduras fomos sarados* (Is 53.4,5).

Essa passagem refere-se tanto a cura física como também a cura espiritual que Cristo nos consentiu, por este motivo, lemos também através dos escritos do apóstolo Pedro referir-se a essa passagem para falar de nossa salvação:

"*Carregando ele mesmo em seu corpo, sobre o madeiro, os nossos pecados, para que nós, mortos para os pecados, vivamos para a justiça; por suas chagas, fostes sarados*" (1 Pe 2.24).

Traduzindo o que este versículo quer nos mostrar, vemos que Pedro ao referir que Jesus ao carregar "ele mesmo em seu corpo", aponta que Jesus é o exemplo, o modelo que os cristãos devem seguir ou no mínimo ter como meta.

Referindo-se ao madeiro afirmando que logo em seguida ele levou os nossos pecados; aponta para o sacrifício vicário realizado por Cristo, o que equivale dizer que Jesus sofreu por nossos pecados, nos tornando apresentáveis diante de Deus. Jesus é nossa propiciação e, esse ato substitutivo realizado por Jesus, é a essência de todo o evangelho e base para nossa salvação.

Mateus também cita a mesma passagem de Isaías com referência às curas físicas realizadas por Jesus:

E, chegada à tarde, trouxeram-lhe muitos endemoninhados, e ele com a sua palavra expulsou deles os espíritos, e curou todos os que estavam enfermos; para que se cumprisse o que fora dito pelo profeta Isaías, que diz: Ele tomou sobre si as nossas enfermidades, e levou as nossas doenças (Mt 8.16,17).

Todos os cristãos concordam que o ato expiatório de Jesus Cristo, foi feito por toda a humanidade daquele tempo e das eras futuras. Porém, somente aqueles que se apoderam dessa palavra, através da aceitação de Jesus ser o único salvador, intercessor e Deus, é que conquistamos a libertação da consequência do pecado cometido nos primórdios dos primeiros tempos da vida humana descrito em Gênesis 3 e, também o livramento de nossa morte espiritual.

Todos os cristãos também concordam que a posse das bênçãos advinda de Cristo ocorrerá somente após o seu retorno, quando ele retornará como juiz, pois a Bíblia não prega sobre o universalismo. Essa benção pode ser vista no ensinamento do apóstolo Paulo:

Porque assim como a morte veio por um homem, também a ressurreição dos mortos veio por um homem. Porque, assim como todos morrem em Adão, assim também todos serão vivificados em Cristo (1 Co 15.21,22).

Propósitos da cura

Se perguntarmos a qualquer pessoa, seja ela cristã ou não, qual é o propósito da cura; teremos um grande índice de resposta, para não dizer quase que por unanimidade, a cura tem como propósito curar, sarar uma doença.

Esse ponto de vista é validado pelas definições encontradas no Dicionário Aurélio que define cura como "ato ou efeito de curar(-se), restabelecimento da saúde, meio de debelar uma doença; tratamento, tratamento preventivo de saúde". Salientando que as definições aqui apresentadas, são as que se encaixam no propósito dessa seção.

Mas será apenas esse o propósito da cura? Ao consultarmos os textos bíblicos, veremos que a Bíblia tem muito a dizer sobre doença. Como falar de doença se não falar sobre saúde? Assim, vemos nas Escrituras, normas para se ter boa saúde.

Como exemplo, poderemos citar que Moisés inspirado por Deus, apresentou normas que sendo seguidas, tinham o objetivo de evitar doenças em diversas áreas. O descanso semanal no sábado, tinha também como objetivo recobrar energia gasta, além da adoração à Deus. As regras alimentares, tinham também o objetivo de evitar contaminação; na área sexual, a contaminação de doenças está implícito na proibição de adulterar, etc.

Assim vemos que Deus deixou registrado na Bíblia conceitos de se evitar doenças, seja ela do corpo, da alma e do espírito. Para quem defende a dicotomia, corpo, alma ou espírito. Um exemplo bem distinto que traz a cura na área espiritual pode ser vista na substituição vicária de Cristo.

Sua obra redentora é a maior cura que possamos imaginar, pois a culpa, a inveja, o ódio, a amargura, a desesperança são "curados", pois ao analisarmos mais atentamente, constataremos que esses exemplos citados começam afetando nossas mentes e vai contaminando o corpo. Isto é ou não uma doença?

Se alguém pensou na possibilidade de responder com não, estaremos atribuindo todas as doenças psicológicas a causas meramente físicas e também com esse tipo de pensamento condenamos e afirmamos a inutilidade de todos os psicólogos e psiquiatras.

Sabemos que Deus tem poder de curar qualquer tipo de doença, porém, há doenças que devem ser tratados no campo físico, se Deus não curar. A Bíblia nos ensina a recorrer a Deus que poderá nos curar diretamente, quando os processos normais (médicos, medicamentos, mudança de atitude) falharem, porém, a última palavra devemos deixar com Deus e isso, não denota falta de fé.

Nesse sentido, veremos que Deus pode curar qualquer tipo de doença, basta consultarmos os textos bíblicos e teremos como maior exemplo Jesus curando todo tipo de enfermidade.

Mateus 4.23,24: *"E percorria Jesus toda a Galiléia, ensinando nas suas sinagogas e pregando o evangelho do reino, e curando todas as enfermidades e moléstias entre o povo. E a sua fama correu por toda a Síria, e traziam-lhe todos os que padeciam, acometidos de várias enfermidades e tormentos, os endemoninhados, os lunáticos, e os paralíticos, e ele os curava".*

Mateus 9.35: *"E percorria Jesus todas as cidades e aldeias, ensinando nas sinagogas deles, e pregando o evangelho do reino, e curando todas as enfermidades e moléstias entre o povo".*

Está também registrado na Bíblia, processo de curas que aconteceram com auxílio de algum tipo de material, como por exemplo, pasta de figo no caso do rei Ezequias (2 Rs 20.2-11), o mergulho nas águas por Naamã; Jesus utilizando lama feito com saliva (Jo 9.6,11). Certamente com esses exemplos, vemos que Deus e nem a Bíblia se opõe a recorremos à médicos, uma vez que Jesus considerava que os doentes precisam de médicos *"Jesus, porém, ouvindo, disse-lhes: Não necessitam de médico os sãos, mas, sim, os doentes"* (Mt 9.12).

Assim, como os outros dons espirituais e pelo que foi escrito até o momento, podemos afirmar que a enfermidade é consequência de nossos pecados, também podendo ser atribuído à nossa ignorância ou falta de cuidado, pecado individual como adquirir doença venérea, alcoolismo, uso de drogas ilícitas, etc., podendo também ser provação para desenvolvimento do caráter porque Deus corrige a quem ama (Hb 12.6).

Certamente, a cura tem também seus propósitos além de restabelecer a saúde e como fica evidente, um desses propósitos é a validação da mensagem do Evangelho, demonstrando que é chegado o reino de Deus.

A cura também traz um alento aos nossos corações e nos conforta além de trazer saúde aos doentes. De uma maneira sucinta, a cura é a forma que Deus utilizou para demonstrar a sua misericórdia para com todos nós e em especial para com aqueles que sofrem.

Outro propósito da cura que podemos enumerar é glorificar a Deus, pois a pessoa quando é curada principalmente de maneira sobrenatural, naturalmente ela glorifica a Deus, pois vê aquela cura como prova do amor, bondade e poder de Deus.

Lembramos para assim poder finalizar essa seção que os propósitos aqui enumerados não representa sua totalidade, mas apenas os propósitos primordiais. Também, não devemos apenas glorificar a Deus apenas nos momentos em que Ele age sobrenaturalmente em nossas vidas, mas também nos momentos onde também a cura não se apresenta, porque se Deus não nos curou, é porque Ele quer nos mostrar algo; então, devemos orar para entender os seus propósitos em nossa vida.

Usar remédios é falta de fé?

Voce pode até se perguntar: que relação existe entre a oração pela cura, o uso de remédios, a capacidade médica para curar e a cura pela parte de Deus? Orar por determinada cura, utilizar medicamentos e recorrer aos conhecimentos médicos, não demonstra falta de fé, mas amor a seu próprio corpo, pois ele necessita de restabelecimento da saúde.

Deus cura segundo à sua vontade, porém ele também capacitou alguns homens para realizar esse processo através de medicamentos e outros a desenvolver tais medicamentos. Não utilizar esses processos que Deus deixou à nossa disposição, isso sim, seria falta de fé.

Com certeza devemos orar para Deus nos curar, mas também devemos usar remédios todas as vezes que realmente necessitarmos. Devemos ter sempre em mente que cristãos adoecem assim também como não-cristãos adoecem como qualquer ser humano. O próprio Senhor Jesus nos diz em João 16.33 que no mundo teremos adversidade; isso quer dizer que não estamos isentos de contrair doença. Devemos sim, recorrer aos nossos profissionais da saúde, consultar, fazer exames periodicamente e seguir as orientações médicas.

Salomão a quem é atribuído à autoria do livro de Eclesiastes nos apresenta essa realidade:

> Tudo sucede igualmente a todos: o mesmo sucede ao justo e ao ímpio, ao bom e ao puro, como ao impuro; assim ao que sacrifica como ao que não sacrifica; assim ao bom como ao pecador; ao que jura como ao que teme o juramento.
> Este é o mal que há entre tudo quanto se faz debaixo do sol: que a todos sucede o mesmo... (Ec 9.2,3)

Por este motivo, devemos orar e pedir a Deus a nossa cura ou ainda pedir para que os medicamentos comprados possam surtir o efeito desejado, ou seja, devemos orar para que as propriedades daquele medicamento seja eficiente o bastante para nos curar.

Infelizmente, existem cristãos que defendem a teoria que se orarmos pedindo a Deus para iluminar o profissional da saúde durante nosso atendimento, inclusive para que a receita prescrita, devolva a nossa saúde, ao invés de pedir a Deus a cura sobrenatural, dizem segundo esses, que é uma demonstração de falta de fé.

Mas uma coisa eu lhes digo, Deus antes de criar o ser humano, criou todas as outras coisas, inclusive fez que na terra crescessem substâncias que podem produzir remédios com propriedades terapêuticas e nos trazer a cura.

Novamente quero enfatizar que se Deus não nos curar, devemos procurar ajuda profissional. Cremos que Deus na criação providenciou o necessário e, nos deu entendimento para utilizarmos esses recursos (veja como exemplo disso a homeopatia). Além do mais, se Deus não nos curou, é indício não de falta de fé, mas que precisaremos de outro tipo de remédio.

Por esses motivos, é que em meu ponto de vista, os remédios nesse caso, devem ser considerados parte de toda a criação que Deus considerou "bom" conforme descrito no livro de Gênesis, porém sabemos da má utilização desses recursos criados por Deus, mas isso é outra história.

Devemos usar os remédios com gratidão ao Senhor, pois *"do Senhor pertence a terra e tudo o que nela se contém"* (Sl 24.1).

Quando temos condições de comprar os medicamentos e nos recusamos a usá-los, pode acontecer três coisas; a primeira poderemos agravar a situação de nossa saúde, a segunda, poderemos colocar em risco a nossa vida ou a de outros depende do caso e a terceira, Deus pode nos abençoar e fazer com que nosso organismo reaja e traga a cura desejada. O problema é que não sabemos qual das três hipóteses poderá acontecer, então devemos fazer a nossa parte.

Podemos encontrar um exemplo bíblico na primeira carta a Timóteo. Observe que o apóstolo Paulo recomenda o uso do vinho em razão da saúde: *"Não bebas mais água só, mas usa de um pouco de vinho, por causa do teu estômago e das tuas frequentes enfermidades"* (1 Tm 5.23).

Não estou fazendo apologia a bebidas alcoólicas, pois sou radicalmente contra a utilização da ingestão dessas bebidas, porém, devemos mencionar que naquela época a utilização do vinho (não o vinho puro que era considerado bebida forte), mas o vinho terapêutico de era misturado com água e especiarias.

Outro exemplo é quando Isaias recebeu de Deus a promessa de cura para o rei Ezequias, ele disse aos servos do rei que trouxessem uma pasta de figos e a aplicassem (como remédio) sobre a chaga de que o rei sofria: *"Disse mais Isaías: Tomai uma pasta de figos. E a tomaram, e a puseram sobre a chaga; e ele sarou"* (2 Rs 2.7).

Às vezes, não há remédio disponível ou o remédio não faz efeito desejado. Com certeza precisamos lembrar que Deus pode curar quando os médicos e os remédios não conseguem, pois como costumamos dizer, Ele é o Médico dos médicos, o Deus das causas impossíveis. Certamente Ele pode nos trazer a cura se assim for o propósito Dele.

Seria até interessante se existisse uma pesquisa que demonstrasse como às vezes os remédios e os próprios médicos se demonstram ineficazes perante uma doença. Creio que poderemos nos surpreender com a frequência onde médicos e remédios não conseguem produzir a cura, e as pessoas se apresentam saudáveis após haverem mudado a atitude, modo de pensamento e pedido a cura a Deus.

Pode haver também, ocasiões em que uma enfermidade não coloca nossa vida em risco e decidimos pedir que Deus nos cure sem o uso de remédios, simplesmente porque desejamos dar glória ao seu nome.

Gente, devemos estar atentos, pois a maioria das vezes, o que realmente queremos é evitar gastos ou perder tempo para procurar recursos médicos ou ainda porque é simplesmente uma questão de escolha pessoal, ou seja, teimosia.

Pode ser também que inconscientemente queremos chamar atenção e queremos afeto. Com relação a isso, posso afirmar categoricamente que essa decisão de não usar remédios pode trazer consequências indesejáveis no futuro.

Nos relatos da Bíblia vemos Jesus curando onde casos em que os recursos médicos falharam, como por exemplo a mulher que tinha fluxo de sangue:

> E uma mulher, que tinha um fluxo de sangue, havia doze anos, e gastara com os médicos todos os seus haveres, e por nenhum pudera ser curada, chegando por detrás dele, tocou na orla do seu vestido, e logo estancou o fluxo do seu sangue. (Lc 8.43,44).

Sem dúvida, muitas pessoas que não podiam ser curadas pelos médicos ou não tinham recursos financeiros para custear as despesas com o médico e medicamento, aproximavam de Jesus simplesmente procurando apenas a cura pessoal e não os seus ensinamentos.

Lemos também que ao pôr do sol, todas as pessoas que tinham enfermos ou estavam enfermas traziam e iam até Jesus para que ele, impondo as mãos sobre eles, os curassem (Lc 4.40), pois não havia doença que Jesus não fosse capaz de curar.

Precisamos aprender que nem todas as orações por cura serão respondidas. Às vezes Deus opta por não curar e nesses casos, precisamos lembrar-nos de duas coisas. Deus é soberano em seus propósitos e devemos também nos lembrar o que as Escrituras falam a respeito.

Citamos Romanos 8: *"todas as coisas cooperam para o bem daqueles que amam a Deus, daqueles que são chamados segundo o seu propósito"* (Rm 8.28).

Quando Epafrodito foi visitar Paulo, este adoeceu e estava quase à morte como está escrito em Filipenses 2.25-27. Paulo indica na narrativa de Filipenses 2 que Deus não o curou de imediato quando adoeceu. Não poderia o apóstolo impor as mãos sobre Epafrodito e trazer-lhe cura?

"Julguei, contudo, necessário mandar-vos Epafrodito, meu irmão e cooperador, e companheiro nos combates, e vosso enviado para prover às minhas necessidades. Porquanto tinha muitas saudades de vós todos, e estava muito angustiado de que tivésseis ouvido que ele estivera doente. E de fato esteve doente, e quase à morte; mas Deus se apiedou dele, e não somente dele, mas também de mim, para que eu não tivesse tristeza sobre tristeza".

Considerações finais

Assim, cremos haver discorrido sobre os dons espirituais mais relevantes e as verdades bíblicas apresentadas sobre esses dons. Como citamos inicialmente, o dom de línguas, devido às polêmicas, deve ser um assunto tratado posteriormente, pois não queremos incorrer no erro de fazer citações que possam levar a má interpretação desse dom.

Vemos que cada dom apresentado tem seu propósito e nada foi distribuído pelo Espírito Santo de modo aleatório e sem finalidade específica. Devendo nos lembrar que o principal propósito de cada dom é a edificação da igreja e preparo ministerial para servir ao próximo

Fontes de pesquisa

Bíblia de Estudo – Aplicação Pessoal – Casa Publicadora das Assembleias de Deus (CPAD), 2009, Rio de Janeiro

Bíblia de Estudo MacArthur – Sociedade Bíblica do Brasil, 2011, São Paulo

Bíblia de Estudo Dake – Casa Publicadora das Assembleias de Deus (CPAD) e Editora Atos, 2009, Rio de Janeiro

Bíblia on Line

Bíblia de Estudo Plenitude = Sociedade Bíblica do Brasil, 2006, São Paulo

Bíblia de Estudo de Genebra – Editora Cultura Cristã e Sociedade Bíblica do Brasil – 2009, São Paulo

WIERSBE, Warren W. - Comentário Bíblico Expositivo – Novo Testamento – Editora Central Gospel e Geográfica Editora, 2008, São Paulo

Dicionário Eletrônico Aurélio

Grande Enciclopédia Larousse Cultural – Editora Delta S.A., 1970, Rio de Janeiro

CROMACKI, Robert Gleen – Movimento moderno de línguas – Junta de Educação Religiosa e Publicações (JUERP), Rio de Janeiro, 1986

GRUDEM, Wayne - Teologia Sistemática – Atual e Exaustiva – Editora Vida Nova, 1999, São Paulo

SCHOLZ, Vilson – Novo Testamento Interlinear – Grego Português – Sociedade Bíblica do Brasil, 2009 São Paulo

PFEIFFER, Charles F. & VOS, Howard, F. & REA, John – Dicionário Bíblico Wycliffe – Casa Publicadora das Assembleias de Deus (CPAD), 2009, Rio de Janeiro

KASCHEL, Werner & ZIMMER, Rudi – Dicionário da Bíblia de Almeida – Sociedade Bíblica do Brasil, 2009, São Paulo

RADMACHER, Earl D & Ronald B. ALLEN, & H. Wayne HOUSE - O Novo Comentário Bíblico – Novo Testamento – Editora Central Gospel, 2010, Rio de Janeiro

WIERSBE, Warren W. – Comentário Bíblico Expositivo – Novo Testamento 1 – Editora Central Gospel e Editora Geográfica, 2008, São Paulo

RICHARDS, Lawrence O. – Comentário Histórico-Cultural do Novo Testamento – Casa Publicadora das Assembleias de Deus (CPAD), 2007, Rio de Janeiro

BRUCE, F. F. – Comentário Bíblico NVI – Antigo e Novo Testamento – Editora Vida, 2012, São Paulo

GOMES, Geziel - Onde encontrar na Bíblia – Editora Central Gospel, 2008, Rio de Janeiro

OLIVEIRA, Oseias Gomes – Concordância Bíblica Exaustiva Joshua – Editora Central Gospel, 2012, Rio de Janeiro

LANGSTON, A. B. – Esboço de Teologia Sistemática – Junta de Educação Religiosa e Publicações (JUERP), 1999, Rio de Janeiro

DOUGLAS, J. D. – O Novo Dicionário da Bíblia – Editora Vida Nova, 2006, São Paulo

ERICKSON, Millard J. – Dicionário Popular de Teologia – Editora Mundo Cristão, 2011, São Paulo

ANDRADE, Claudionor Correa de – Dicionário Teológico – Casa Publicadora das Assembleias de Deus (CPAD), 2010, Rio de Janeiro

KASCHEL, Wener & ZIMMER, Rudi – Dicionário da Bíblia Almeida, 2009, São Paulo

CHAMPLIN, R. N. – O Antigo Testamento interpretado versículo por versículo – Editora Hagnos, 2001, São Paulo

WILEY, Orton H. – A Excelência da Nova Aliança em Cristo – Comentário Exaustivo da Carta aos Hebreus – Editora Central Gospel, 2008, Rio de Janeiro

GUTHRIE, Donald – Hebreus – Introdução e Comentário – Editora Vida Nova, 2008, São Paulo

SALVADOR, José Gonçalves - O didaquê ou o ensino do Senhor através dos doze apóstolos – Junta Geral de Educação Cristã da Igreja Metodista, 1980, São Paulo

MACDANIEL, Geo W. – As igrejas do Novo Testamento – Editora Juerp – 1989, Rio de Janeiro

MORRIS, Leon – I Coríntios – Introdução e Comentário – Editora Vida Nova, 2008, São Paulo

COLEMAN, William L. – Manual dos Tempos e Costumes Bíblicos – Editora Betânia, 1991, Belo Horizonte

GOWER, Ralph – Usos e Costumes dos Tempos Bíblicos – Casa Publicadora das Assembleias de Deus (CPAD), 2002, Rio de Janeiro

LOPES, Edson – Fundamentos da Teologia da Educação Cristã – Editora Mundo Cristão, 2010, São Paulo

www.ingramcontent.com/pod-product-compliance
Lightning Source LLC
Chambersburg PA
CBHW031451040426
42444CB00007B/1059